本书由贵州省社会科学院、贵州省社会科学院区域经济与发展经济学重点学科、贵州文化产业研究中心人才基地资助出版

大数据背景下贵州新兴产业发展研究

陈绍宥　著

图书在版编目（CIP）数据

大数据背景下贵州新兴产业发展研究/陈绍宥著. —北京：知识产权出版社，2018.1
ISBN 978 – 7 – 5130 – 5099 – 9

Ⅰ.①大… Ⅱ.①陈… Ⅲ.①新兴产业—产业发展—研究—贵州 Ⅳ.①F127.73

中国版本图书馆 CIP 数据核字（2017）第 218539 号

内容提要

本书以大数据时代的来临、大数据的国际实践、大数据对产业发展带来的新要求为出发点，对贵州省的旅游产业、电子信息产业、装备制造业、大健康产业、山地农业、新材料产业、新能源产业、新能源汽车业、节能环保产业等新兴产业的现状、存在问题、发展思路和发展重点做深入的分析探索，并给出了相应的政策建议，对贵州和周边省份具有参考意义和研究价值。

责任编辑：石红华	责任校对：谷　洋
封面设计：刘　伟	责任出版：刘译文

大数据背景下贵州新兴产业发展研究
陈绍宥　著

出版发行：	知识产权出版社有限责任公司	网　　址：	http://www.ipph.cn
社　　址：	北京市海淀区气象路50号院	邮　　编：	100081
责编电话：	010 – 82000860 转 8130	责编邮箱：	shihonghua@sina.com
发行电话：	010 – 82000860 转 8101/8102	发行传真：	010 – 82000893/82005070/82000270
印　　刷：	北京建宏印刷有限公司	经　　销：	各大网上书店、新华书店及相关专业书店
开　　本：	787mm×1092mm　1/16	印　　张：	9
版　　次：	2018年1月第1版	印　　次：	2018年1月第1次印刷
字　　数：	121千字	定　　价：	30.00元

ISBN 978-7-5130-5099-9

出版权专有　侵权必究
如有印装质量问题，本社负责调换。

目 录

第一章　概念、背景及问题 / 1
　　一、概念界定 / 1
　　二、研究背景 / 2
　　三、文献综述及问题提出 / 7
　　四、重要意义 / 11

第二章　贵州新兴产业发展总体情况分析 / 14
　　一、基本情况 / 14
　　二、大数据基础 / 16
　　三、环境条件分析 / 19
　　四、发展思路 / 22

第三章　加快贵州大旅游产业发展 / 24
　　一、发展现状 / 24
　　二、存在问题 / 25
　　三、发展思路 / 26
　　四、发展重点 / 27

第四章　贵州新一代信息产业发展 / 31

一、现状 / 31

二、存在问题 / 33

三、思路 / 35

四、发展重点 / 36

第五章　新材料产业 / 42

一、现状 / 43

二、存在问题和困难 / 45

三、思路 / 46

四、重点 / 46

第六章　大健康产业 / 50

一、现状 / 50

二、问题和困难 / 53

三、思路 / 54

四、发展重点 / 55

第七章　装备制造业 / 64

一、现状 / 64

二、存在的主要问题和困难 / 66

三、发展思路 / 67

四、发展重点 / 68

第八章　节能环保产业 / 72

一、现状 / 72

目 录

　　二、存在问题 / 73

　　三、思路 / 74

　　四、重点 / 75

第九章　贵州山地农业发展 / 77

　　一、发展现状 / 77

　　二、问题和困难 / 80

　　三、发展思路 / 81

　　四、发展重点 / 83

第十章　新能源产业 / 92

　　一、现状 / 92

　　二、存在问题 / 94

　　三、思路 / 94

　　四、重点 / 95

第十一章　建筑建材产业 / 99

　　一、现状 / 99

　　二、存在主要问题 / 102

　　三、发展思路 / 103

　　四、发展重点 / 103

第十二章　新能源汽车产业 / 114

　　一、现状 / 114

　　二、存在问题 / 116

　　三、发展思路 / 117

四、发展重点 / 118

第十三章 对策建议 / 120

一、加快项目建设力度，增强产业发展后劲 / 120

二、着力延长产业链，提升产业发展水平 / 121

三、加快提升创新能力，提升产业核心竞争力 / 122

四、切实推动开放合作，推动重点企业、

优势产品"走出去" / 125

五、加大政策支持力度，形成推动新兴产业发展合力 / 126

六、着力打造特色产品品牌，提升产品价值 / 128

七、着力推进供给侧结构性改革，提升有效供给水平 / 129

八、加快提升信息化水平，加快推动转型升级 / 130

九、进一步优化发展环境，为新兴产业发展拓展更大空间 / 133

参考文献 / 134

第一章
概念、背景及问题

一、概念界定

（一）新兴产业

新兴产业是指随着新的科研成果和新兴技术的发明应用而出现的新的部门和行业，主要是指电子、信息、生物、新材料、新能源、海洋、空间等的一系列新兴业态。新兴产业所包括的主要业态随着经济发展、科技革新而不断演化。《贵州省"十二五"新兴产业发展规划》界定的新兴产业包括新材料产业、先进制造业、电子及新一代信息技术产业、生物与医药产业、节能环保产业、新能源产业、新能源汽车产业、现代服务业等八大产业门类；《贵州省"十三五"新兴产业发展规划》界定的新兴产业主要为以大数据为引领的电子信息制造产业、大健康医药产业、高端装备制造产业、新材料产业、新能源汽车产业、节能环保产业和新能源产业。

（二）贵州特色新兴产业

"十三五"是贵州省新兴产业发展的重要机遇期，也是打造产业升级版的关键时期，《贵州省"十三五"新兴产业发展规划》提出着力发展以大数据为引领的电子信息制造业、大健康医药、高端装备制造、新材料、新能源汽车、节能环保、新能源等七大重点产业。同时，立足贵州实际，省委省政府提出着力发展"五大新兴产业"，包括以大数据为引领的电子信息产业、以大健康为目标的医药养生产业、以绿色有机无公害为标准的现代山地高效农业、以民族和山地为特色的文化旅游业、以节能环保低碳为主导的新型建筑建材业。所以，立足贵州实际，本研究的新兴产业特指"文化旅游业、大数据产业、新材料、大健康产业、高端装备制造、节能环保、现代山地高效农业、新能源、建筑建材业、新能源汽车"等。

二、研究背景

（一）大数据时代到来

大数据是以容量大、类型多、存取速度快、应用价值高为主要特征的数据集合，正快速发展为对数量巨大、来源分散、格式多样的数据进行采集、存储和关联分析，从中发现新知识、创造新价值、提升新能力的新一代信息技术和服务业态。当前，大数据产业主要包括数据资源建设、大数据软硬件产品的开发、销售和租赁活动以及相关信息技术服务等业态。最早提出"大数据"时代到来的是全球知名咨询公司麦肯锡，麦肯锡公司称："数据，已经渗透到当今每个行业和业务职能领域，成为重要的生产因素。人们对于海量数据的挖掘和运用，预示着新一波生产率增长和消费者盈余浪潮的到来。"2011年，麦肯锡的全球研究院（MGI）发布了《大数据：创新、竞争和生产力的下一个新领域》研究报告，这份报告分析了数字数据和文档的爆发式增长的态势，阐述了处理这些数据能够释放出的潜在价值，分析了大数据相关的经济活动和业务价值链。这篇报告在商业界引起极大的关注，为大数据从技术领域进入商业领域吹响了号角。2012年5月联合国发布了《大数据促发展：挑战与机遇》白皮书，探讨如何利用互联网数据推动全球发展。大数据是数字化时代的新型战略资源，其应用对国家治理和经济社会发展作用巨大。大数据发展战略已成为世界主要国家的新兴战略，各国科技界、产业界和政府部门极为关注，它已经成为全球高科技产业竞争的前沿领域。发达国家纷纷将开发利用大数据作为夺取新一轮产业竞争制高点的重要抓手，把发展大数据提升到国家战略层面，大数据思维和理念正在成为全球战略思维的新常态，发达国家在新一轮的产业革命中纷纷提出大数据战略。

（二）大数据的国际实践

美国 2009年1月21日美国总统奥巴马宣誓就职后的第一个工作日就签发了"开放政府"备忘录（Memorandum on Transparency and Open Government），指导新一届行政当局从开放政府数据源、建设开放型政府入手，以数字革命带动的政府变革，作为大数据的前奏推出了"Data.gov"公共数据开放网站。2009年12月8日，总统奥巴马签发"开放政府数据"行政令（The Open Government Directive），要求在45天内所有政府部门无一例外的必须向社会开放3个有价值的数据源。

大数据背景下贵州新兴产业发展研究

2011年9月20日白宫正式启动"开放政府国家行动计划1.0",首批26个开放政府项目向社会公开。2012年3月29日,美国联邦政府发布了《大数据研究和发展计划》,正式启动了"大数据发展计划",宣布将投入超过2亿美元用于大数据研究,公布了由政府资助的分布在13个部委的84个大数据项目,其中多数项目基于不同部门的开放数据源,联合民间企业协同展开,如癌症和心血管疾病研究。

欧盟 欧盟也是实施大数据战略行动的先行者。2011年11月,欧盟数字议程采纳欧盟通信委员会《开放数据:创新、增长和透明治理的引擎》的报告,报告以开放数据为核心,制定了应对大数据挑战的战略。2011年11月该报告被欧盟数字议程采纳,12月12日正式推进这一战略。该战略着力建立适应信息再利用的法律框架,围绕建立欧洲经济数据门户的目标,以数据处理技术、数据门户网站和科研数据基础设施建设为重点,推动运用金融工具支持开放数据行动,旨在帮助企业与市民能自由获取欧盟公共管理部门的所有信息,建立一个汇集不同成员国以及欧洲机构数据的"泛欧门户"。2014年,欧盟发布了《数据驱动经济战略》,大数据成为欧盟经济单列行业,拟成为欧盟恢复经济增长和扩大就业的战略性行业。欧盟在大数据方面的活动主要包括研究数据价值链战略因素、资助"大数据"和"开放数据"领域的研究和创新活动、实施开放数据政策、促进公共资助科研实验成果和数据的使用及再利用等四个方面。其中,2010年11月,德国联邦政府启动"数字德国2015"战略,推动互联网服务、云计算、物联网、3D技术以及电动汽车信息通信技术等信息通信产业的发展,推动实施基于传统制造业智能化和数据化的"工业制造4.0"。2013年1月,英国商业、创新和技能部宣布注资6亿英镑发展八类高新技术,其中,1.89亿英镑用来发展大数据技术。

中国 党中央、国务院高度重视大数据在经济社会发展中的作用,

第一章　概念、背景及问题

党的十八届五中全会提出"实施国家大数据战略",国务院印发《促进大数据发展行动纲要》,提出以企业为主体,营造宽松公平环境,加大大数据关键技术研发、产业发展和人才培养力度,着力推进数据汇集和发掘,深化大数据在各行业的创新应用,促进大数据产业健康发展。通过促进大数据发展,加快建设数据强国,释放技术红利、制度红利和创新红利,提升政府治理能力,推动经济转型升级。纲要明晰了我国大数据发展和应用未来5~10年的目标,即打造精准治理、多方协作的社会治理新模式,建立运行平稳、安全高效的经济运行新机制,构建以人为本、惠及全民的民生服务新体系,开启大众创业、万众创新的创新驱动新格局,培育高端智能、新兴繁荣的产业发展新生态。同时,明确了加快政府数据开放共享,推动资源整合,提升治理能力,推动产业创新发展,培育新兴业态,助力经济转型,强化安全保障,提高管理水平,促进健康发展等三大方面十六项具体内容。为贯彻落实国务院《促进大数据发展行动纲要》,在全国范围内,国家两批次批准设立了八个国家级大数据综合试验区,2015年9月,同意贵州建立全国首个大数据综合试验区,2016年10月,批准设京津冀、珠江三角洲两个跨区域类综试区,上海、河南、重庆、沈阳四个区域示范类综试区和内蒙古大数据基础设施统筹发展类综试区,这些试验区的深入建设将共同引领东部、中部、西部、东北等"四大板块"的大数据产业发展,实现数据共享、区域内协同发展、产业加快转型。

综合来看,大数据时代已经到来,数据是国家基础性战略资源,是21世纪的"钻石矿",未来国家竞争力将体现为一国拥有大数据的规模及运用大数据的能力,大数据战略将成为国家竞争力的重要标志。

（三）大数据时代为产业发展带来新要求

1. 传统产业发展模式难以为继

我国传统的经济发展方式是典型的粗放型发展模式，高投入、高消耗、高污染、低水平、低产出的"三高两低"问题突出，这种传统的经济增长方式在动力上是要素驱动型发展，在目标上是数量型增长，在战略上是追赶型增长，在结果上是环境破坏型增长。这种增长方式在造就了中国经济增长奇迹的同时，也带来了严重的问题，尤其是在全球要素约束趋紧、环境承载压力增大、城乡居民生态意识增强的背景下，这种传统经济增长方式已经走到了尽头，必须加快转变经济发展方式。要牢固树立"创新、协调、绿色、开放、共享"的五大发展理念，推动经济增长从要素驱动转向创新驱动，从数量型增长向质量型增长、从追赶型战略向质量效益型战略转变，走科技含量高、经济效益好、资源消耗低、环境污染少、人力资源优势得到充分发挥的绿色发展道路。

2. 大数据时代为产业发展带来新机遇

大数据应用有利于推动产业深度融合。大数据引起的创新导致了知识经济、网络经济的快速发展以及新经济模式的兴起。而新兴经济模式中信息化和智能化的广泛应用有利于推进产业融合。大数据应用有利于推动产业转型升级。尽管近年来我国企业的生产管理水平不断提高，但仍然存在较多的不足，在生产和管理过程中精细化、精准化程度不高，没有深入细化到全行业产业链的各环节提升生产管理水平，不同产业、企业之间，乃至同一产业、企业内部的不同子系统之间的联系不够紧密，造成各种资源浪费，没有实现生产的规模效应，达到产业发展、企业生产的效益最大化。例如，就制造企业来说，企业生产管理销售全流程的数据，不仅包括经营及运营数据、客户数据、产品相关的设计、研发和生产数据、机器设备数据等内部数据，而且还包括社交数据、合作伙伴数据、电商数据以及宏观数据等外部数据。当前，围绕业务流程改进和提升，企业对内部信息数据的利用相对较多，而对外部数据的开发利用则较少，大部分企业不仅内外部数据尚未打通，自己内部的数据也还没有实现整合和标准化，信息孤岛现象普遍存在。大数据时代到来，大数据的推广应用，从产品设计和研发开始，利用大数据能够非常直接地对接消费者，可以赋能企业生产全过程。

三、文献综述及问题提出

产业是经济发展的根基，是国家经济竞争力的核心。产业强则经济强，产业弱则经济弱。学界关于产业的研究成果较多，主要有传统产业与新兴产业的界定、传统产业与新兴产业的协调融合发展、传统产业转型升级的路径、产业升级的国际借鉴以及区域产业转型升级的实践路径等方面。

关于传统产业与新兴产业的界定，王稼琼等认为，传统产业是相对于新兴产业而言的，近年来兴起的信息产业、新材料产业等业态是新兴产业，而钢铁、煤炭、电力、建筑、汽车、纺织、轻工等则属传统产业。

（一）关于传统产业与新兴产业的协调融合发展

刘栋、万力等构建综合动力模型，分析了高新技术产业与传统产业融合创新发展的动力机制和动力因素。提出在高新技术产业与传统产业融合创新过程中，高新技术与传统技术的关联和溢出是潜在动力因素，高新技术产业与传统产业的融合创新是一个将两者具备的创新要素互补匹配，并使原产业及在其边界处融合出的新产业整体功能的产业升级过程。

李晓钟等利用全国31个省区2009—2014年的面板数据，构建了中国信息化与产业转型升级的耦合协调度分析模型，分析结果表明，31个省区总体上信息化水平和产业转型升级水平逐年提高，但信息化水平提升速度滞后于产业转型升级提升速度，且区域之间信息化与产业转型升级的耦合协调度差距较大，信息化在推广应用、管理等方面改进空间很大，对产业转型升级推动效应潜力巨大。徐君等设计了驱动效应模型，尝试性地分析供给侧结构性改革驱动钢铁产业转型升级的效应，揭示其作用机理的动态性与复杂性，并从顶层设计、人才供给、技术供给和资本配置四个层面设计驱动钢铁产业转型升级的路径。

（二）关于传统产业转型升级的路径

杜朝晖认为，经济新常态下我国传统产业转型升级应坚持节约资源和能源，保护生态环境，适应市场需求变化，有利于技术进步和劳动生产率提高，提升产业关联度和附加值等五大原则，遵循促进传统产业技术创新和设备改造，重塑传统产业的核心竞争力；通过创新生产方式和组织模式，推动传统产业转型升级；通过发展清洁生产和再制造，促进传统产业向先进绿色制造业转型升级；推动传统产业组织调整和集群创新，提高传统产业的竞争优势；通过产业融合发展，促进传统产业转型升级等五大路径。

滕飞、张庆杰、申红艳等认为，"新十年"中部地区产业转型应按照"突出特色发展、加快创新发展、加速绿色发展、促进集群集聚发展"的思路，调新农业、调强工业、调大服务业，将提升产业竞争力、创造产业新优势作为产业转型升级的着力点，构建结构优化、优势突出、动力强劲、可持续发展的现代产业体系。"新十年"中部地区产业转型升级路径为加快农业现代化步伐，增强农业可持续发展能力；调整优化工业结构，提升制造业整体实力和水平；融合发展服务业，提高第三产业服务能力。

费洪平认为，要面对国际产业分工格局和贸易环境变化、新一轮科技革命和产业变革加快的新形势，面对国内生产要素成本上升和消费结构升级的新趋势，面对我国传统比较优势弱化、结构性矛盾加剧、经济下行压力加大等新问题，我们必须改变以往产业转型升级的方向与路径，着力突破能够有效提升国际分工地位和价值链层级的研发设计、营销网络、品牌培育、供应链管理等制约产业转型升级的关键环节。孔畅基于经济"新常态"大背景下"一带一路"倡议的提出，分析了我国产业转型升级所面临的国外压力，即发达国家"再工业化"政策所带来的压力；并提出从产品框架进行多点嵌入，促进区域整合与行业互动；重视本地市场，移植"高端"价值模块；关注价值模块变迁，重视技术本地化；利用大国优势，编织多元化国际网络等四个方面嵌入全球价值链，实施以"向全球价值链高端跃升"为主要目标的转型升级战略，同时完成中国的产业升级和区域协调发展。

（三）关于产业升级的国际借鉴

山东省经济转型与产业升级专题培训班一行17人，赴美国进行学习培训，得出六大启示：一是在思想理念上，把握新一轮全球经济转型趋势，增强工作主动权；二是在发展取向上，坚持有所为有所不为，明晰产业转型升级的主攻方向；三是在动力转换上，大力实施创新驱动战略，培育转型发展新动能；四是在推进路径上，用好两个市场、两种资源，在扩大开放中推动经济转型升级；五是在内在支撑上，以品牌和质量建设为抓手，加快推进供给侧结构性改革；六是在促进体系上，努力营造有利于创新转型和产业升级的良好环境。李忠华等总结了德国、英国、美国、俄罗斯等主要产煤国煤炭产业转型实践，进行共性和差别对比分析，从转变思想、明确转型主体、强化政府支持、理性对待产能调整四个方面提出中国煤炭产业转型升级建议。

（四）关于区域产业转型升级的实践及路径

袁永波、苏继俊等认为，煤炭是河南省主体能源和重要工业原料，是关系工业发展的重要基础产业。在经济进入新常态形势下，全国对能源特别是煤炭需求也出现了下降，再加上西部地区大规模低成本开发，对河南省煤炭生产和下游化工产业提出了严峻挑战。河南煤炭产业应遵循去产能、优结构、促交易、提物流和扩开放的发展思路，推动河南省煤炭产业提质增效，促进经济转型发展。具体的对策是以去产能为主线，加速淘汰煤炭落后产能；以优化煤炭结构为核心，加快产业一体化发展；加快煤炭产能指标交易，实现先进产能替代；加快智慧物流发展，提供一站式能源服务；加快产能技术走出去，融入"一带一路"倡议等。

南京市统计局去产能与产业转型升级课题组陈美华等人认为，从对传统的石化、钢铁等产业的综合分析看，南京钢铁、石化等相关产业对经济发展仍有较大的支撑与贡献，产能利用率水平保持相对合理的范围水平，产品单耗保持较为先进水平。因此，在新兴产业支撑力度不足，钢铁、石化等产业无法短期内搬迁或停产的情况下，针对全国过剩的产能，南京去产能不能用简单"一刀切"的方式盲目关停相关生产线，而应有所为有所不为，从产业内生变革来赋予传统产业新的生命力。主要路径是推进"四个升级"，即推进产品升级，立足产品高端化，加快推进钢铁、化工等企业产品升级；推进企业升级，立足重大技术改造，加快推动传统行业企业升级；推进产业升级，立足南京产业实际，有效促进传统产业升级；推进管理升级，立足完善配套政策完善，不断提升调控政策的科学性与预见性。

综合来看，相关成果为研究产业转型升级奠定了较好的基础，然而，在大数据时代到来、经济发展新常态、国家支持应用大数据推进产业升级的背景下，明确提出从大数据应用视角，推动产业转型升级的研究较为缺乏，因此，本文立足贵州是全国首个国家级大数据综合试验区，大数据资源汇集优势，着力于从大数据时代到来，大数据推广应用逐渐普及这一重要现实，研究推进贵州新兴产业发展的思路、路径及策略，以推进全省产业转型升级，提升全省经济发展质量。

四、重要意义

（一）发展新兴产业是转变经济发展方式的重要内容

随着环境、资源要素等约束增强，在传统粗放型发展方式难以为继的背景下，国家提出"加快转变经济发展方式"的重大战略决策。转变经济发展方式其实质就是要推动经济发展从粗放型向集约型转变，从数量扩张主导转向素质提高主导转变，而这一切都依赖于产业的发展，亟须推进产业转型升级，其根本要求是既要"转"又要"升"。只有经济的增长从粗放转为集约型，从"高投入、高消耗、高污染、低产出、低质量、低效益"转为"低投入、低消耗、低污染、高产出、高质量、高效益"；只有不同产业之间、同一产业内部结构之间实现了结构优化升级，实现了"转型"与"升级"双轮协调驱动，才能推动实实在在的产业转型升级，才能有效推动经济发展方式转变，否则，转变经济发展方式就是一纸空谈。而经济发展方式的根本转变是通过产业的发展来实现的，在着力做大产业规模的同时，提升产业发展质量是转变经济发展方式的核心要义。一方面，可以通过推动粗放型产业的退出，或者利用大数据、物联网、云计算等现代信息技术改造传统产业，实现传统产业转型发展；另一方面，相对于传统产业粗放型特征而言，新兴产业具有能耗低、污染少、效益好等特点,加快发展新兴产业是转变经济发展方式的重要内容。

(二) 发展新兴产业是确保供给侧改革取得成功的重要举措

基于我国的有效供给不足、供给与需求错位、高端需求大量外流、内需带动经济发展能力不强等客观现实,国家提出"推动供给侧结构性改革"这一重大战略,其核心就是要改善产品结构、提高产品质量,增加有效供给。有效供给主要体现在两方面,一方面,面对消费者的需求,要有相应的产品供给,不能出现产品空档,做到"供给不留白";另一方面,面对消费者的需求,供给的产品必须是有效的,能够满足消费者对产品性能、品质方面的要求。而增加有效供给的关键就是要推进产业转型升级,既要促使不同行业企业生产的产品在产品结构方面更趋合理,能够满足不同的消费需求,实现"需有其物",又要提升产品质量和品质,提高产品市场竞争力,尤其是要推动企业生产高端、高附加值产品,把需求留在国内,实现"需不外出",否则,增加有效供给就落不到实处。当前,消费需求升级的趋势加快,传统产业产品消费需求逐渐萎缩,而对新兴产业产品的需求日益增多,有的产业产品需求甚至出现井喷式增长,所以,发展新兴产业是确保供给侧结构性改革取得成功的重要举措。

(三) 发展新兴产业是守好发展与生态两条底线的有效途径

"守住发展与生态两条底线"是新发展阶段的全新发展理念。这种新发展理念所追求的发展,是有效益、有质量、可持续的经济发展,是不以生态赤字为代价的绿色发展。"两条底线"是"有守"和"有为"的有机统一,两者没有先后与轻重之分,发展和生态是须臾不能松劲的两件大事。传统粗放型的发展模式具有高投入、高污染、低效益的特点，既不能实现经济的高效益，又极大的污染环境、破坏生态，有悖于底线思维的发展理念，因此，要守好发展与生态两条底线，一方面，要依靠技术创新和人力资本提高，推动传统产业转型升级发展，实现经济发展高效益和环境污染最小；另一方面，既要推动逐步减少传统粗放型产业的规模，缩小传统产业比重，又要着力加快发展新兴产业，做大新兴产业规模，推动整个产业结构中新兴产业的比重不断提高，发展新兴产业是守好发展与生态两条底线的有效途径。

第二章

贵州新兴产业发展总体情况分析

一、基本情况

（一）保持快速增长，规模不断扩大

近年来，贵州新兴产业发展成效明显，主要行业保持快速增长，规模不断扩大。2015年，以大数据为引领的电子信息制造业工业总产值达到286.39亿元，同比增长143.28%，实现规模以上工业增加值52.51亿元，同比增长102.0%；大健康产业发展迅猛，大健康医药工业总产值325.4亿元，占全省规模上工业总产值的3.08%，医药制造业增加值101.63亿元，同比增长6.9%；大旅游取得显著成效，呈井喷式发展，全年旅游总人数3.76亿人次，实现旅游总收入3512.82亿元，同比分别

增长17.1%、21.3%；现代山地特色高效农业为重点的第一产业增加值1640.62亿元，其中，326个农业产业示范园区，实现总产值1770.13亿元，实现销售收入1317.17亿元；新材料产业完成工业总产值163.34亿元，同比增长11.19%；高端装备制造业完成工业总产值217.16亿元，同比增长21.03%；节能环保产业工业总产值完成52.55亿元，同比增长49.21%；新能源产业装机达到367.5万千瓦，发电量达到48亿千瓦·时，同比增长61%；建筑建材工业总产为1256亿元，同比增长550.7%。其中，新型建筑业总产值完成290亿元，约占建筑业总产值15%，新型建材业总产值完成251亿元，约占建材业总产值20%；全省新能源汽车产业工业总产值38.25亿元，同比增长57.36%。

（二）转型升级效应明显，引领作用增强

"十二五"期间，新兴产业产值不断增大，在全省经济中的比重不断上升。七大主要产业增加值占GDP的比重由2010年的1.6%上升至2015年的6.6%。以大数据为引领的新一代信息技术产业、大健康医药产业、高端装备制造业、新材料产业等依然成为全省新兴产业的主导产业。2015年，电子信息制造业、医药工业对工业增长贡献率为12%，比2014年同期提高2.7个百分点，占工业比重为5.4%，比去年同期提高0.6个百分点。新兴产业对全省经济发展的影响力增强，大数据产业成为全省经济转型升级的突破口，新材料产业正逐步成为地区经济的重要增长极之一，已形成贵阳、遵义和福泉等3个国家级新材料产业基地。

（三）创新平台建设取得重大进展，创新能力不断增强

近年来，贵州新兴产业创新平台建设取得较大进展，创新能力不断增强。截至2015年底，全省拥有高新技术企业382家、国家级企业技术

中心16家、国家级工程（技术）研究中心4家、国家级技术创新示范企业5家、国家级重点实验室4家、国家地方联合工程研究中心（工程实验室）20家；省级企业技术中心174家、省级工程（技术）研究中心63家、省级重点实验室53家、省级工程研究中心（工程实验室）59家。重点建设了"贵阳大数据中心""矿产资源综合利用工程技术研究中心""现代中药民族药技术研究中心""绿色化工与先进材料研发中心""喀斯特山地生物资源持续利用技术研究中心""纳米材料应用技术国家地方联合工程研究中心""物联网技术及应用国家地方联合工程研究中心""高性能聚合物材料关键技术国家地方联合工程研究中心"等中心，建立了高原山地动物遗传育种与繁殖省级共建重点实验室，建设了贵州地方遗传资源信息库、基因库，建立了特优畜禽育种体系及配套相关设施、畜产品安全检测体系、生物饲料兽药研发机构和团队等。随着创新平台的完善，创新能力不断增强。例如，贵州红华能源研发有限公司二甲醚—天然气混燃数控系统、柴油—天然气混燃数控系统的研发和运用方面取得重大突破；贵州百灵企业集团制药股份有限公司"替芬泰片"列入国家新药重大专项项目。

二、大数据基础

大数据时代，数据是国家基础性战略资源，是21世纪的"钻石矿"。大数据不是技术创新，而是信息技术创新的运用。大数据时代的到来，为推动中国经济增长方式转变提供了机遇，催生着更多新的经济增长点，为新兴产业发展提供了广阔空间。

（一）贵州大数据产业先行高位发展

大数据发展取得历史性突破。自贵州选择发展大数据产业伊始，在全国大数据领域实现"十个率先"：率先建设统筹省级政府数据"云上贵州"系统平台、率先建设全国国家大数据综合试验区、率先创建首个大数据产业集聚区贵阳·贵安、率先创建贵阳大数据产业技术创新试验区、率先举办以大数据为主题的博览会和峰会、率先举办大数据商业模式大赛和草根创业大赛、率先建立贵阳大数据交易所和众筹金融交易所、率先建立全域公共免费 Wi–Fi 城市、率先围绕大数据应用建设智慧城市云服务平台、率先建成 PUE 值接近 1.0 的绿色隧道数据中心。其中，2014 年 10 月，"云上贵州"系统平台上线，成为全国首个集数据统一存储、管理、共享、交换的省级政府大数据云服务平台。当前，"云上贵州"系统平台已从电子政务云、工业云、电子商务云、智能交通云、智慧旅游云、食品安全云、环保云等"7 朵云"扩建到"20 朵云"，重点把涉及医疗、教育等改善民生领域的云建立起来，着力做深做透。2015 年 5 月 1 日，贵阳市全域公共免费 WiFi 项目一期工程投入使用。

（二）大数据应用深入各领域

2014 年 10 月，围绕政务、交通、食品安全、工业、环保、旅游、电子商务等领域，41 个系统的数据在"云上贵州"上线，且运行良好，目前平台日均访问量近 2 亿次，最高峰值达 10 亿次以上，实现省级政府各部门数据资源"统筹存储、统筹规范、统筹交换、统筹安全"。2014 年"五一黄金周"期间，"智能交通云"平台发挥了巨大作用，助推公安、交警、消防、医疗等多部门联合执勤，快速反应、高效决策，出警效率提升了 1.5 倍。"食安测"平台已集聚 9 个省区食品相关数据，实现了食品溯源和全程数据监控，从源头上有效解决了食品安全问题。依托"云上贵州"大数据应用优势和贵州"质量云"工程建设，"电梯应急处置服务平台"已落户贵州，将面向全国提供电梯应急救援处置服务。晴隆县通过实施"西部草场＋晴隆羊＋互联网＋电商模式"，积极发展电商平台（阿里巴巴、京东）合作、微信公众号推广等互联网线上渠道推广等，稳扎稳打推进晴隆羊商业开发价值。以大数据可视化展示为技术支撑点，重点展示晴隆羊特色产业扶贫模式，更加方便、系统、直观展示特色扶贫工作。大数据在农业领域应用取得重大进展，由33朵省级云和若干市级云、县级云组成的"中国农业云大数据"项目在贵州正式上线，以农田、耕地、种植、养殖、需求、供应、交易、出口等为重点，瞄准农业全产业链各环节，实现了全产业链数据的收集汇总发布，并根据需求对土地进行科学合理的规划布局，实现农业需求与供给的有效衔接，将中国农业推向一个全新数据化时代。大数据在食品安全领域应用有效推进，依托"食品安全云"平台，消费者只需要在手机上安装名为"食安测"的食品安全云APP，利用APP扫描食品包装上的条形码，关于食品质量的相关信息就会迅速显现出来，确保群众舌尖上的安全。创泰科技开发的"智能停车"项目，已经在贵州落地开花。贵阳本土企业开发出的"货车帮"平台，帮车找货、帮货找车，正在整合一个万亿级市场的物流产业群。

（三）形成各方合力支持大数据产业发展格局

为了支持贵州大数据产业发展，2014年2月25日，贵州省人民政府印发《关于加快大数据产业发展应用若干政策的意见》，成立了以省长为组长、相关部门领导为成员的贵州省大数据产业发展领导小组，并根据统筹发展需要，领导小组下设办公室和发展中心，且创新探索实行"云长"负责制，切实落实参与单位一把手"云长"责任。同时，着力强化全省大数据产业发展的资金支持，省政府明确省、贵阳市和贵安新区，2014—2016年，每年各安排不少于1亿元资金，支持大数据产业发展及应用。此外，于2014年9月，贵州成立大数据产业专家咨询委员会，发挥专家学者的参谋咨询作用，为大数据产业发展出谋划策。

三、环境条件分析

(一) 机遇

从国际上看，受国际金融危机的持续影响，全球经济正处于深度转型调整期，新兴产业成为引导未来经济社会发展的重要力量，各主要国家都在高度重视培育和壮大新兴产业，努力抢占这一新的经济发展制高点。美国大幅度增加科研预算，着力推进清洁能源、智能制造等产业技术革命；欧盟实施"旗舰研究计划"和"联合技术计划"，旨在提升新兴产业研发水平；韩国成立未来创造科学部，加快推动创新型经济发展；印度则推行"创新十年"计划，大力发展高技术产业。这些国家新兴产业发展战略的实施，推动了新兴产业整体发展水平提升，有利于我国吸收借鉴全球新兴产业发展的相关成果，推动我国、贵州省新兴产业发展水平提升，实现追赶、领先和跨越。

从国内来看，中国经济进入新常态发展时期，与全球经济的深度融合，助推全球范围内技术、资金、人才等生产要素加速流动，有利于贵州优化资源配置，引进更多的技术、吸引更多的资金和人才为新兴产业发展所用；党的十八大报告明确提出强化需求导向，推动新兴产业和智能制造健康发展；国务院出台了加快培育发展战略性新兴产业的决定，出台了支持新兴产业发展的实施意见；实施"一带一路"、长江经济带、珠江—西江经济带、京津冀协同发展等区域发展战略，为贵州新兴产业开放融合发展提供了广阔空间；国家制订实施"中国制造2025""互联网+"等行动计划，深化供给侧结构性改革为新兴产业指明了发展方向；工业化、信息化和城镇化快速推进，培育和发展新兴产业具备了较好的发展基础。

从省内来看，深入实施新一轮西部大开发战略，中央出台国发 2 号文为全省新兴产业发展营造了良好的政策环境，带来了难得的现实发展机遇；在省委、省政府的强力推动下，一批新兴产业重大项目和重大基地建设加快推进，引导上下游产业聚集发展，新兴产业将呈现高速增长态势；"十二五"以来，贵州省坚持实施工业强省和城镇化带动主战略，大力构筑"两加一推""精神高地"，冲出"经济洼地"。通过打造"5 个 100 工程"等发展平台集聚了发展要素，推动了传统产业转型升级，促进了科技资源聚集。大数据、大健康产业落地贵州，统筹推进国家生态文明试验区、国家大数据综合试验区、国家内陆开放型经济试验区建设，引领新兴产业大力发展，大扶贫政策推动新兴产业发展跃上台阶。

（二）挑战

新兴产业是技术、资金密集型产业，西方发达国家正利用其技术优势、资金优势和国际化便利进行贸易和投资保护，试图继续主导和控制全球市场，给我国新兴产业发展带来了挑战，对处于西南一隅的贵州，新兴产业发展带来的挑战尤为严峻。当前全国各省（区、市）正高度重视培育发展新兴产业发展，纷纷相继出台优惠政策和措施，加大投资力度、上马重大项目，抢占战略制高点，大力推动新兴产业上规模、提水平、增效益，贵州培育和发展新兴产业面临的不确定因素增多；贵州新兴产业尚处于起步阶段，规模较小，水平不高，仍然面临不少矛盾和困难。

（三）有利条件

支持政策叠加形成强大合力。国家《促进大数据产业发展的纲要》提出要推进大数据在各行业的应用，培育新的经济业态，打造新的经济增长点。国家实施供给侧改革战略，强调提升有效供给水平，

第二章　贵州新兴产业发展总体情况分析

将着力发展符合消费需求升级趋势的新兴产业。国家、省出台了新兴产业发展规划，明确了新兴产业发展的重点及相关重大工程。在大数据时代背景下推动贵州新兴产业发展，是新常态下推进供给侧结构性改革的重要内容，是国家、省实施的多个重大战略的有机契合，将会得到国家、省的优惠政策支持，形成多方面政策叠加合力支持新兴产业发展的格局。

政府强力推动提供了有力保障。贵州省委、省政府高度重视新兴产业发展。一方面，着力推进利用大数据、云计算等新一代信息技术推进各行业企业的转型升级，当前，全省正在大力推进"千企改造"工程，着力实施"千企改造"工程·大数据专项行动，已制订了行动方案，明确了时间表、路线图，各项工作有力推进，这有利于一些传统产业逐步提升为新兴产业，同时，也利于全省新一代信息产业的进一步壮大。另一方面，政府出台了新兴产业发展规划，推动实施了一些重点工程和重大项目，甚至为了支持某些具有资源优势的行业发展，还出台了专门的支持意见，政府的强力推动是贵州新兴产业发展的坚强有力保障。

企业的强烈需求形成强大的内生动力。各行业企业都深刻认识到传统粗放型发展方式难以为继，转型升级是唯一出路。一方面，抢抓全省大数据产业蓬勃发展为产业转型升级带来的机遇，都在积极主动、千方百计地推进大数据在企业运用，着力推进转型升级；另一方面，着力落实供给侧结构性改革精神，加大对新兴产业的投资。企业的强烈需求是全省新兴产业加快发展的内在动力。

总体来看，"十三五"时期贵州省新兴产业发展环境机遇大于挑战，加快发展的基本面继续向好，仍然处于可以大有作为、奋力发展的重要战略机遇期。

四、发展思路

贯彻"创新、协调、绿色、开放、共享"的五大发展理念，守住发展和生态两条底线，坚持加速发展、加快转型、推动跨越主基调，深入推进工业强省和城镇化带动主战略，突出抓好以大扶贫、大数据两大战略行动，坚持推动工业化和信息化深度融合，培育产业后发优势，把新兴产业作为促增长的着力点。以提高发展质量和效益为中心，以供给侧结构性改革为主线，扩大有效供给，满足有效需求，加快形成引领产业发展新常态的体制机制和发展方式。以"中国制造2025""互联网＋"行动计划为路径，促进电子信息制造、高端装备、新材料、新能源汽车、新能源与节能环保等新兴产业和军民融合产业发展壮大，重点建设大平台、奋力打造大产业、突破一批产业共性与关键技术、形成一批核心专利、开发一批重点产品，培育一批龙头企业和知名品牌，将贵州省建设成为西部独具特色的新兴产业基地和国家级大数据综合实验区。

依托全省优良的气候条件和耕地质量，以茶叶、蔬菜、中药材、精品水果等为重点，着力发展贵州特色绿色农产品，着力推动大数据在农产品品牌打造、市场营销等领域利用，整体打造贵州绿色生态有机农产品品牌，建成全国重要的绿色生态有机农产品供给基地。依托全省丰富优质的石材资源优势，着力延长产业链，深挖产品内涵，推动石材产品深加工，丰富贵州石材产品类型，运用现代营销理念和大数据的技术手段，扩大贵州石材产品的市场份额和品牌形象，全面提升贵州石材产品的市场竞争力，建成国内重要的石材产品生产供应基地。依托贵州多彩绚丽的文化资源、优美的自然风光资源，遵循全域旅游理念，突出差异化、特色化发展，凸显旅游的参与性、体验性，着力打造系列高品质旅游产品，注重加强旅游的开放合作，着力打造一批旅游精品路线，实现全景式打造、全季节体验、全产业发展、全社会参与、全方位服务、全区域管理的贵州旅游发展升级版，建成国际山地旅游省、旅游经济样板省、人文品质引领省、国内一流、世界知名的山地旅游目的地。

第三章

加快贵州大旅游产业发展

一、发展现状

2016年,按照省委、省政府对旅游发展的新定位、新要求、新部署,全省着力"找痛点、补短板,调结构、优供给,拓市场、树品牌,抓改革、聚活力",深入推进"山地公园省·多彩贵州风"品牌形象全球推广活动,着力实施快旅慢游体系建设,重点打造茅台酒镇、赤水河谷旅游公路、"中国天眼"等一批重点旅游项目,不断推动旅游业管理体制、绩效考核、监管服务改革创新,山地旅游业呈现环境优化、要素凝聚、增长强劲、提质增效、高位运行的发展态势。全年实现旅游总收入5027.54亿元,同比增长43.1%,其中,国内旅游收入5011.94亿元,同比增长43.2%。全年旅游总人数达53148.42万人次,同比增长

41.2%，其中，国内游客人数 53038.23 万人次，同比增长 41.3%，入境游客 110.19 万人次，同比增长 17.1%，外国人 51.83 万人次，同比增长 30.1%；全省 A 级以上景区接待人数 16813.01 万人次，同比增长 55.8%。同时，智慧旅游呼之欲出，依托国家旅游局在贵州建立南方灾备中心，中国联通所掌握的用户信息有了进行数据二次开发的可能，促成了中国旅游数据和中国联通数据在贵州合作，直接推动了中国旅游指数在贵州首发，未来将在旅游领域诞生更多的新产品新应用。贵阳高新区围绕"大数据和创客"两大主题，全力打造贵阳大数据·创客公园，并积极完善配套"吃住行、游购娱"相关内容，全力打造创新科技游、城市休闲游、山水生态游为主的特色旅游。随着中国旅游指数数据的完善丰富，大数据将在贵州全域旅游建设中实现普及应用，一种全新的智慧旅游将在贵州逐渐形成。

二、存在问题

（一）景区、景点建设同质化趋势明显

贵州素有公园省的美称，旅游资源丰富，秀美的自然风光、多彩的民族风情、厚重的历史文化在全省各地俯拾皆是，但是由于各地在景区建设、乡村旅游打造过程中，多是盲目跟风，比着做、照着做，没有深挖民族文化、历史文化、山地文化等内涵，没有着力凸显特定区域、民族的特色，景区建设缺乏"三有"（有生活、有生命，有生机），没有让游客耳目一新、眼前一亮的感觉，大致同类型旅游要素禀赋的地方旅游业的发展一定程度上存在千篇一律、同质化发展的缺陷。

（二）旅游业产业链不长，产业幅不宽

随着长期以来困扰贵州省旅游业发展的干线交通瓶颈被打破，游客

到达旅游景区、乡村旅游点的时间缩短，出行旅游更为便利，但是由于各地旅游业发展没有真正围绕"吃、住、行、游、购、娱""商、养、学、闲、情、奇"来展开，旅游业产业链不长，产业幅不宽，景区、景点缺乏深度参与式、体验性的旅游产品，整个旅游业有效产品供给不足，满足不了游客丰富的需求，导致旅游多属于观光休闲型，游客多是走马观花，游客留不住，住不下，是真正意义上的浅度旅游，对当地经济的带动作用没有充分显现。

（三）景区接待能力不强

接待能力是体现景区发展水平的有效指标，是决定游客旅游过程幸福愉悦感的重要因素，是影响游客对景区综合评价的关键环节。目前，全省旅游景区的接待能力普遍不高，知名景区人满为患，内部交通体系严重滞后，容量受限，景区游览线设计不合理，游客聚集区域和重要节点人员、车辆疏导不力；部分景区游客服务中心功能不完善，仅仅发挥了景区、景点旅游咨询处的功能，其他部门没有很好地发挥作用，甚至有的景点旅游服务中心形同虚设。很多景区存在旅游标识、标牌建设不足，景区标识、标牌建设不规范，整体导览标识系统缺失等问题。

三、发展思路

"十三五"时期，贵州文化旅游发展要紧扣"山地公园省·多彩贵州风"的定位。围绕建成世界一流的山地旅游目的地与休闲度假胜地的目标，立足"公园省"资源优势，大力发展全域旅游，优化全域山地旅游布局，从旅游主体功能区、景区、线路、景点四个层级布局整合产品链、产业链。找准"山地旅游+特色优势"的发展定位，着力推进休闲度假旅游区、民族文化旅游区、生态体验旅游区、天文科普旅游区、户外运动旅游区、避暑观光旅游区、名酒文化旅游区、佛教名山旅游区、喀斯特与丹霞地貌旅游区等特色山地旅游区建设，实现全景式打造、全季节体验、全产业发展、全社会参与、全方位服务、全区域管理，形成贵州旅游发展升级版，推动旅游业实现井喷式增长，成为国际山地旅游省、旅游经济样板省、人文品质引领省，加快建设建成国内一流、世界知名的山地旅游目的地。

四、发展重点

（一）构建多元化旅游产品体系

依托贵州丰富的深度开发休闲型、观光型、体验型旅游景区，构建形成与山地公园省相适应的多元化山地旅游产品体系。依托贵州省独特地貌和生态优势，加快发展山地旅游、生态旅游、山地户外、汽车露营、科普探险等旅游产品；结合现代山地高效农业建设，大力发展观光农业、休闲农业、体验农业等旅游产品；以省内中心城市、重点旅游城市、旅游小城镇和村寨为依托，重点开发民族文化、红色文化、历史文化等旅游产品；围绕新型工业化发展，积极开发工业观光、科普体验、"三线"文化等工业旅游产品，打造一批精品旅游产品。

（二）打造一批世界级山地旅游产品

打造以大射电天文望远镜、茅台工业旅游、大乌江旅游等为龙头的世界级旅游线路和国际品牌。支持建设大健康旅游示范区、国内外知名民族文化旅游目的地、科普旅游示范区、中国山地户外运动基地。加快把遵义、赤水丹霞和海龙囤、荔波喀斯特、施秉云台山等世界自然、文化遗产和铜仁梵净山等重要旅游资源打造成世界级旅游产品。打造提升一批休闲度假、康体养生、山地观光、户外运动、低空飞行、汽车露营、科普探险、修学旅行、民族文化演艺及避暑、温泉、滑雪等新兴业态。将旅游装备制造纳入全省工业发展规划，大力发展内河游船、旅游房车、水上运动设施、旅游小飞机、索道缆车、大型游乐设施和穿戴式导游导览设备等旅游装备制造业。

（三）加快构筑山地旅游产业集群

旅游产业集群是集"吃、住、行、游、购、娱""商、养、学、闲、情、奇"为一体的旅游综合体，是带动旅游业发展的有力支撑。结合贵州的旅游业发展实际，立足特色，统筹规划，以龙头旅游景区为核心，以旅游点为节点，以串联景区、景点公路为轴线，强化旅游配套服务支撑，加快贵州山地旅游产业集群建设。加快中国贵州风景眼、多彩贵州城、千里乌江国际滨河度假旅游带、世界名酒文化旅游带、国际天文科普旅游带、都柳江国家公园旅游带、南北盘江旅游带等"一眼五带"山地旅游集群建设，创新打造大黄果树国际生态文化旅游区、大荔波世界遗产旅游区、环梵净山"金三角"文化创新区、赤水丹霞生态旅游区、百里杜鹃—织金洞国际生态休闲旅游区、大雷公山民族文化旅游区、兴义世界级山地户外运动中心等7个世界级山地旅游集群。

（四）加强山地旅游线路精品打造

围绕游客多层次、多样化需求，加快构建以高速公路、高速铁路为线、干支机场为点、点线支撑的山地特色旅游产业带，串联带动全省100个旅游景区、100个山地户外运动旅游基地和1000个特色旅游村寨，打造多条省内环行及连通省内外的重点精品线路，构建形成以贵阳为旅游集散枢纽、市（州）中心城市为区域集散中心、旅游城镇和大型景区为重要支撑节点的游客集散体系。重点打造黎平—从江—三都—荔波—

平塘—罗甸—安龙—兴义等 9 条山地旅游精品线路、贵阳—遵义—仁怀—赤水—泸州等 3 条红色旅游精品线路、昆明—曲靖—安顺—贵阳—都匀—三都—荔波—从江—三江—桂林—阳朔—贺州—肇庆—广州等 5 条跨省区旅游精品线路和香港—广州—桂林—贵阳—安顺—六盘水—昆明—曼谷的世界级跨境黄金旅游线路。

（五）发展山地康体养生旅游

充分利用多梯度山地资源和山景、山水融合的优势，积极发展野外拓展、徒步骑行、登山漂流、户外露营、山地自行车等山地户外体育旅游活动。推动各地打造一批国际低空跳伞、攀岩、徒步、马拉松赛等特色体育旅游品牌。力争到 2020 年，全省建设生态体验旅游步道 2000 千米以上，打造富有特色的山地户外体育旅游休闲示范项目 3～5 个，建成汽车露营基地 20 个以上、国家及省级森林（湿地）公园 100 个、生态体育公园 100 个和山地户外体育旅游精品线路 100 条。打造一批省级中医药健康旅游示范基地，培育融合苗族、侗族、布依族、水族等民族文化的中医药健康旅游项目，深度开发针刺艾灸、拔罐药浴、医药疗养、药膳美食等养生保健旅游产品。积极开发适合老年人特点的体育健身、休闲旅游、健康养生、精神慰藉等养生度假产品。大力引进国内外社保基金以及国际著名养老机构开发养老社区项目。

（六）全域发展山地特色乡村旅游

制定实施乡村旅游质量等级评定奖励办法和服务标准，开发升级一批以休闲农业、文化体验和避暑养生为特色的乡村旅游区。大力提升乡村网络通信水平，加快乡村智慧旅游建设，为游客提供餐饮、住宿、购物、娱乐等网上预订和支付服务。探索完善"资源变资产、资金变股金、农民变股东"的旅游"三变"新模式，为参与旅游产业的贫困户提供财政扶贫资金全额贴息小额特惠贷款。鼓励投资商、村集体和专业合作社投资建设休闲农庄、特色民宿、乡旅创客园、农耕文化园和养老养生等项目。实施"百区千村万点乡村旅游扶贫工程",力争到 2020 年全省建成乡村旅游转型升级示范村寨 100 个、重点村寨 1000 个,示范和重点建设经营户 10000 个,带动全省 100 万以上贫困人口脱贫。

(七)强化旅游品牌打造

构建以特色山地旅游品牌为支撑的全球营销品牌体系,塑造全球化品牌形象,借助大数据平台实现精准化营销,精心打造独具黔地魅力的山地旅游品牌,构建形成以"多彩贵州风·山地公园省"为主品牌,爽爽贵阳、醉美遵义、中国凉都、秀美安顺、花海毕节、桃源铜仁、美丽黔东南、生态黔南、水墨金州、山水贵安等为子品牌的山地旅游品牌组合,加快把多彩贵州建设成为享誉世界的"山地旅游大省"和"山青、天蓝、水清、地洁"的山地公园省。

第四章

贵州新一代信息产业发展

一、现状

近年来,贵州的电子信息产业发展成效明显,初步形成以电子信息制造业为基础,以软件服务业、通信服务业为增长点,以物联网电子商务、大数据、云计算为突破口的产业发展格局。省级信息化与工业化融合试验区建设加快,全省网络与信息安全保障能力明显提升。

(一)大数据产业快速发展

发布实施大数据产业发展引导目录和大数据工程包,积极推进大数据项目化、事项化落实。华为全球私有云数据中心等落户贵州省,引进大数据电子信息产业项目400个。富士康服务器生产基地建成投产。朗玛、货车帮等 50 家"互联网＋"示范企业加快培育，电子信息制造业增加值增长 71.3%，软件和信息服务业营业收入增长 35%，贵阳大数据交易所交易额突破 1.5 亿元。2015 年，以大数据为引领的电子信息制造业工业总产值达到 286.39 亿元、同比增长 143.28%，实现规模以上工业增加值 52.51 亿元，同比增长 102%。全省规模以上电子信息制造业企业（500 万元统计口径）342 家，主营业务收入 10 亿元以上骨干企业 11 家，1 亿元以上 43 家，较"十一五"末期取得较大增长。以大数据为引领的电子信息制造产业正在成为贵州省最有发展前景、最有潜力的新兴支柱产业之一。2016 年，全省信息传输、软件和信息技术服务业完成固定资产投资 107.95 亿元，同比增长 28.1%；软件和信息技术服务业企业营业达到 284.7 亿元，同比增长 35.2%；电信业务总量、电信业务收入分别达 796.58 亿元、251.6 亿元，同比分别增长 65.8%、11.3%；互联网宽带接入用户 459.45 万户，同比增长 17.4%。大数据端产品增长 2.2 倍。

（二）重大项目建设取得较大突破

"十二五"以来，全省新一代信息技术产业发展较快，重大项目建设取得较大突破。2011 年以来，贵州省以贵安电子信息产业园、遵义桐梓楚米 IT 产业园、金沙电子信息产业园等作为承载国内电子产业转移的平台，加快发展以 LED 衬底材料、封装应用为代表的光电产业，以计算机配套线缆、音箱为代表的计算机配套件，以锂离子电池为代表的电子信息机电产品等领域正逐步形成新的经济增长点。同时，大唐移动通信公司新一代信息技术产业重大项目入驻贵阳小孟工业园区，中国电信云计算数据中心和云计算研发应用示范基地、富士康（贵州）第四代绿色产业园等项目加快建设，"阿里巴巴·遵义产业带"电子商务平台、北大方正科技园、京东电子商务产业园、"淘宝·特色中国铜仁馆"等一批重大项目加速推进。电子政务外网及骨干传输网基本建成，应用系统和办公自动化系统建设粗具规模。实施"设计制造一体化"和"经营管理信息化"示范推广工程，带动企业开发新产品200余项，获得成果450项，获得国内专利授权143件，制订技术标准16项，推广成果转化100多项。新建成一批信息技术公共服务平台、制造资源服务平台以及信息化培训基地，已具备每年8000人次的培训能力。企业电子商务应用开始起步。

（三）信息基础设施不断完善

基础设施是产业发展的支撑。近年来，贵州切实贯彻落实国家大数据战略，在推进国家大数据综合试验区建设的进程中，强调基础设施先行。自2014年以来，贵州着力补齐信息基础设施薄弱短板，启动实施信息基础设施三年大会战，深入实施"光网贵州""满格贵州""宽带乡村"工程，贵州大数据产业集聚发展的基础设施得到夯实，农村电商推广应用的基础设施有力推进，贵州信息基础设施在西部地区居于前列。

二、存在问题

（一）新兴信息产业相关人才缺乏

新一代信息产业具有资金密集、技术密集、智力密集等特点。立足贵州实际来看，作为一个全新的产业，当前，贵州发展以大数据为引领的新一代信息产业，不管是从事产品的生产，还是行业管理以及运用现代信息技术改造提升传统产业，人才缺乏是一大短板。仅从贵州大数据及关联企业注册市场主体人才需求看，急需引进大数据方面的管理人才及专业人才3.5万人。而要利用大数据推进传统优势产业转型升级，除了具备大数据相关知识的人才以外，还需要熟悉各行业企业生产工艺、生产组织管理、市场销售等环节的人才，既懂大数据，又熟悉工业生产及管理等人才就尤为缺乏。综合来看，新一代信息产业相关人才缺乏，是贵州发展以大数据为引领的新一代信息技术产业的一大短板。

（二）企业的"数据意识"不强

新一代信息产业的发展，既要强调相关产品的生产，又要着重新一代信息技术的应用。当前，在大数据时代到来，数据成为一种全新的战略资源，对数据的应用将会产生不可估量的价值，但就贵州新一代信息技术产业的发展来看，大部分企业的"数据意识"不强。一方面，较多生产企业内部没有对生产全产业链各环节的数据进行有效储存，各类数据处于碎片化状态，数据资源的价值尚未被唤醒，"数据资源"仍然沦落为"数据废品"，数据资源没有真正体现新型战略资源的作用；另一方面，以大数据为引领的信息时代，对以大数据、云计算、物联网等的应用，是信息产业做大做强，产业带动效应、溢出效应最大化的关键，然而，由于企业"数据意识"不强，部分企业内部以及不同产业、同一产业间的数据资源处于固化状态，企业间的"数据孤岛"现象普遍存在。同时，尽管国家、省大力推进大数据、云计算、物联网等在产业发展中的应用，推进信息化与工业化融合发展，但囿于数据意识不强，信息化基础支撑不强，全省在推进以制造业为重点的信息化改造效果也不尽明显。

（三）实力雄厚企业不多，带动性不强

当前，贵州作为国家大数据综合发展试验区，在大数据发展方面基

础扎实，条件较好，在项目建设方面取得重大进展，全省新一代信息技术产业发展的大框架已基本建成，以大数据为引领，带动新一代信息技术产业发展的格局初步形成，但是，除了富士康（贵州）第四代绿色产业园、中国移动（贵州）大数据中心外，缺乏带动性强的龙头企业，尚未形成龙头企业有力带动、众多中小企业活力十足的发展局面，且现有企业也没有完全释放生产能力。

三、思路

认真贯彻落实国家、省供给侧结构性改革精神，紧紧围绕"大数据发展行动纲要""互联网＋行动计划"和"中国制造2025"等国家重大战略，按照省委省政府经济社会发展"十三五"规划的总体要求，落实全省大数据战略的总体部署，始终将创新作为产业发展的原动力，围绕数据从哪里来、数据放在哪里、数据谁来应用三个问题，坚持数据是资源、应用是核心、产业是目的、安全是保障四个理念，立足贵州信息产业基础，充分发挥贵州大数据产业先发优势，加快发展以大数据为引领的电子信息产业，以优势聚资源，以应用带发展，重点打造大数据基础设施层、系统平台层、云应用平台层、增值服务层、配套端产品层五个层级产业生态体系，发展大数据核心业态、关联业态和衍生业态，持续释放大数据红利，着力推进重点区域特色信息产业发展，贵阳市重点发展集成电路与电子元器件，贵安新区重点发展智能终端产品制造、芯片与集成电路，遵义以新蒲新区等为重要载体，重点发展智能手机、平板电脑、智能家电、电子元器件，六盘水市以富士康盘县精密电子产业园为载体，重点发展智能端产品和电子元器件制造，安顺重点发展电子元器件、LED等产业，毕节市重点发展电子元器件产业、北斗导航终端产品制造，黔东南以凯里经济开发区物联网产业园为载体发展集成电路芯片，逐步建成国家级大数据内容中心、大数据服务中心、大数据金融中心，将大数据引领的电子信息产业发展成为贵州省支柱产业，成为贵州省经济转型发展的主力军，大众创业万众创新的主战场。

四、发展重点

紧抓国家大力发展大数据产业的战略机遇，坚持"应用驱动、创新引领、政府引导、企业主体、聚焦高端、确保安全"的发展原则，进一步强化大数据信息服务产业在全国的先行优势，着力加强信息基础设施建设，进一步完善产业体系，壮大产业规模，大力实施"互联网＋"行动计划，通过集聚大数据技术成果，形成大数据企业集群，全面提升大数据产业发展支撑能力、大数据技术创新能力和大数据安全保障能力，推进大数据应用服务向经济社会各领域、各行业延伸，提升服务保障民生和引领产业转型升级能力。力争把贵州打造成为全国大数据汇聚应用新高地、数据应用服务示范基地、政策创新先行区、产业发展集聚区、创业创新首选地，为全省经济社会加速发展、加快转型、推动跨越提供有力支撑。

（一）积极构建产业体系

依托大数据中心和重点产业园区等，大力发展数据采集、存储、挖掘、分析、开发、应用、交易和安全等核心业态，不断完善大数据信息服务产业体系。加快发展呼叫服务和大数据信息服务外包，积极推进"黔中声谷"建设，打造"全球呼叫·贵阳服务"品牌，加快遵义、毕节等地呼叫中心建设。到 2020 年，全省呼叫中心规模达到 30 万座席。积极发展服务外包，支持贵阳市等地建设国家级服务外包示范城市，支持综合保税区积极发展离岸服务外包产业，大力推进贵安新区服务贸易创新发展试点建设。发展网络与信息系统安全、网络舆情分析等产品与服务，加快推进贵州省大数据安全产业基地建设。

（二）加快搭建发展支撑平台

深入推动大数据战略行动，积极推进国家大数据（贵州）综合试验区和国家绿色数据中心试点建设，加快推进建设贵阳·贵安大数据产业发展集聚区、贵阳大数据产业技术创新试验区、黔中大数据应用服务基地、贵州惠水百鸟河数字小镇等多个大数据产业基地。积极推动政府数据资源开放、共享和应用，基于"云上贵州"平台推动发展"7＋N"云应用。2017年，实现"云上贵州"数据开放平台省、市、县三级全覆盖，带动一批数据增值服务企业发展。加快推进公安部、民政部、旅游总局、质检总局等国家部委和阿里巴巴、腾讯、华为等企业集团数据中心建设，逐步集聚形成一批国家级、行业级和龙头企业数据中心、信息分析中心以及国内外龙头企业研发、服务、交易、结算总部。鼓励和支持贵阳大数据交易所加快发展成为全国性大数据交易平台。到2020年，把贵州省建成中国南方数据中心。

（三）深入实施"互联网＋"行动计划

充分发挥互联网在融合创新和集聚人才方面的优势，大力实施"互联网＋"创新引领行动，重点加快推进"互联网＋"创新创业专项行动计划、"互联网＋"普惠金融专项行动计划、"互联网＋"人工智能专项行动计划；大力实施"互联网＋"产业升级行动，充分发挥互联网在集聚要素资源和提升管理效能方面的优势，重点加快推进"互联网＋"协同制造专项行动计划、"互联网＋"现代农业专项行动计划、"互联网＋"智慧能源专项行动计划、"互联网＋"高效物流专项行动计划；大力实施"互联网＋"服务普惠行动，充分发挥互联网在创新和改进政府服务模式方面的优势，重点加快推进"互联网＋"益民服务专项行动计划、"互联网＋"便捷交通专项行动计划、"互联网＋"绿色生态专项行动计划、"互联网＋"精准扶贫专项行动计划。

（四）加强信息基础设施建设

加快实施"宽带贵州"和信息基础设施三年会战，加快推进宽带网络改造升级，提升基础网络通信能力，推动全省城乡光纤网络建设，建立高速、移动、安全的新一代通信网络基础设施。支持贵阳市建设"宽带中国"示范城市，积极推进贵州省互联网交换中心主导企业大带宽接入，争取贵阳·贵安升级成为国家级互联网骨干直连点。到 2020 年，建成全光网省，互联网出省宽带能力突破 10000Gbps 以上，城市家庭宽带接入能力超过 50Mbps。积极构建先进泛在的无线宽带网，加快 4G 网络建设，实现 4G 信号乡镇以上全覆盖和重点行政村基本覆盖；积极推进第五代移动通信（5G）试商用，推进城市公共区域无线 Wi－Fi 热点建设，建成贵阳市、遵义市等一批"无线城市"。积极推进"三网融合"。

（五）大数据生产流通

发展大数据采集产业，逐步实现电商数据、社交数据、运营商管道数据、社会化"块数据"等企业和社会数据的专业采集、获取，促进数据资源商品化，形成新型产业形态。加快长江经济带数据基地、中国南方数据中心建设，满足政府、商业、科教、医疗等领域海量数据增长需求。加强数据清洗、脱敏、建模、分析、可视化等大数据领域企业的引进和培育，支持企业面向国内外市场从事数据加工代工服务。依托"云上贵州"和贵阳大数据交易所，搭建大数据交易平台，培育大数据交换交易产业，对原始数据、精加工数据、数据挖掘分析算法等多种数据商品的交易进行先行先试。推动贵州大数据安全产业基地建设，发展网络与信息系统、数据、应用、芯片等大数据安全产品与服务，力争构建完整的大数据安全产业链，加强数据加密、数据备份、电子认证、数据防伪、防篡改、隐私保护等数据安全技术攻坚。依托贵阳花溪大学城、清镇职教城、贵州大学等，建设面向全国的大数据人才培育基地，积极引进国内外高水平大学、优质培训机构和企业，推动贵州省相关高校、企业、科研院所与其对接，联合培养新一代数据工程师等高端人才，为贵州省大数据产业发展提供智力支撑。

（六）大数据创新应用

整合大数据优势资源，推动各类要素资源集聚、开放和共享，构建众创空间等创业服务基地，搭建创业创新公共服务等平台，提升创业孵化服务能力。利用互联网提升农业生产、经营、管理和服务水平，培育具备便捷化、精细化、个性化特征的现代农业发展新模式，形成贵州现代山地高效农业智慧生态体系。

将大数据、互联网、物联网等新一代信息技术与智能平行生产管控、制造执行系统等先进制造业技术手段相结合，打造数据驱动的智能工厂和数字化车间，支撑传统制造业向智能化制造、协同化设计、网络化营销转型。利用互联网技术，促进能源产业低碳化、网络化、智能化发展，提升贵州省能源产业节能减排和生产优化控制水平。大力促进大数据在银行、证券、保险、基金等领域的创新应用，为大众提供丰富、安全、便捷的金融产品和服务，提升互联网金融服务能力和普惠水平。构建文化旅游公共服务体系，发展基于大数据的教育、医疗、健康、养老、社保、食品安全、体育等信息服务，推动大数据向民生服务领域渗透。利用互联网实现物流信息和供需信息的互通共享，进一步提升仓储自动化、智能化水平。加快电子商务与实体经济融合发展，重点推进农村电子商务、行业电子商务和跨境电子商务加快发展,创新电子商务服务及模式。加快交通运输要素资源、出行服务、行业管控的互联网化,提高全省交通运输精细化管理能力、智能化服务水平和科学化治理程度。

(七) 大数据终端产品制造

推动智能手机、平板电脑、智能可穿戴设备等产品研发、孵化及产业化,做大高端智能终端产品和服务规模。加强核心技术攻关、应用示范及商业模式的探索,提升智能终端生产科技水平,促进终端与服务一体化发展。

加快发展通信设备、消费电子、工业装备、信息安全等领域的芯片设计与制造业务,不断提升集成电路设计与制造能力。大力引进集成电路设计和制造领域尖端企业,重点发展芯片设计、制造、封装厂测试三个子业态及支撑配套业态。

大力推动电子材料和元器件产业集聚发展,积极引进培育一批新型电子材料、新型元器件研发生产企业,推进新型电子材料研发和产业化,发展新型片式、高性能电子元器件、智能器件等产品。

(八) 电子信息产品制造

重点发展模块化、高频化、低功耗、智能化的新型电子元器件,推动4G通信终端等为主的消费类电子产品的研发及产业化,重点开展北斗定位导航模块、通信模块等集成芯片的设计制造与封装等关键技术的研发及应用,积极开发高可靠性、大功率的厚薄膜集成电路设计、制造、封装与测试技术,推动高端MEMS射频滤波器产业化,提高动力锂电池材料、半导体电子浆料、电子铜箔、高性能磁性材料等电子材料生产规模,提高先进电子技术的应用水平,形成较为齐全的生产配套体系。在物联网、汽车电子、工业控制系统等关键领域的传感、控制新型电子元器件，重点推动芯片产品在智能移动终端、GIS、物联网、IC卡、智慧城市、多彩贵州等产品（服务）的产业化。推动条形码、RFID射频识别等先进适用技术的推广应用。

第五章

新材料产业

新材料是指新出现的具有优异性能或特殊功能的材料,或是传统材料改进后性能明显提高或产生新功能的材料。新材料是当今世界新技术革命的三大支柱之一,是产业升级的技术先导和高端制造业的物质基础,更是战略性新兴产业的重要组成部分。

虽然近年来贵州新材料产业发展取得长足进步,2015 年,新材料产业完成工业总产值 163.34 亿元,产值完成工业增加值 44.15 亿元,同比增长 11.19%。但由于新材料产业起步晚、底子薄、核心技术与专用装备水平相对落后,创新能力薄弱,人才团队缺乏等因素,全省新材料产业总体发展慢,仍处于培育发展阶段,低水平重复建设多,低端品种产能过剩,随着大数据时代的到来,新材料与新一代信息技术加速融合,大数据、数字仿真等技术在新材料研发设计中作用不断突出,依托贵州在以大数据为引领的信息产业方面的优势,顺应大数据等新一代信息技

第五章 新材料产业

术与新材料产业融合发展的趋势，全省新材料产业的发展迎来了良好机遇。同时，随着国家深入实施《中国制造2025》，工业转型升级步伐加快以及新兴产业快速发展，为新材料产业提供了广阔的市场空间，贵州新材料产业的发展大有可为。

一、现状

（一）规模不断扩大，发展水平不断提高

依托丰富的资源优势，贵州省新材料发展速度较快，产业规模不断扩大。已初步建成贵阳、遵义和福泉等3个国家级新材料产业基地，产业规模不断扩大，已成为全国重要的具有区域特色的新材料产业基地。2015年，新材料产业完成工业总产值163.34亿元，产值完成工业增加值44.15亿元，同比增长11.19%。2016年，贵州省规模以上新材料产业工业生产总值完成188.30亿元；工业增加值50.89达亿元，同比增速为15.28%。贵州新材料产业特色化发展趋势明显。一方面，全省新材料产业的产业门类较多，产品类型较为丰富；另一方面，近两年来新材料持续呈现两极分化发展态势，反渗透膜、新能源电池材料等非金属材料发展较快，高强韧铝合金材料、海绵钛等高性能金属材料发展仍较缓慢。部分产业生产技术取得较大突破，贵州省自主研发的湿法净化磷酸、高强韧铝合金、锂离子电池阳极材料等技术处于国内先进水平，贵阳特钢高速重载机车EA4T车轴钢产能已达3万吨，生产和加工技术处于国内先进水平。在产业链拓展、品牌打造方面取得较大进步，打造了磷、铝、海绵钛、特殊钢、反渗透膜、钡盐、蓝宝石基片等一批新材料领域的品牌产品；在磷、铝、钛、钢、硅等领域形成"研发—中试—成果转化—产业化"创新链，构建了一批"原材料—加工—制造—制品"产业链。

（二）重点项目建设加快推进

贵阳时代沃顿科技有限公司的"中国南车集团贵阳新产业基地复合反渗透膜及膜组件生产线建设项目"、贵州华科铝材料工程技术研究有限公司的新型耐热高强度铝合金生产线项目、贵州威顿晶磷电子材料股份有限公司的电子级三氯氧磷产业化项目顺利推进，并已投产。华科铝材2万吨高强韧铝合金、振华新材料1万吨锂离子电池正极材料能力升级等一批标志性、重大项目建成投产。2015年，振华新材料完成工业总产值5.11亿元，同比增长81.6%，销售收入4.46亿元，同比增长79.1%；安达磷化工年产5000吨的磷酸铁锂及配套项目建成投产，工业总产值、销售收入、利润和上缴税收四项指标均较去年有大幅增长，完成工业总产值3.12亿元，同比增长175.11%，销售收入2.01亿元，同比增长170.02%，实现利润6373万元，同比增长154.72%，上缴税收2361万元，同比增长81.62%。时代沃顿公司因国内、国外反渗透膜、纳滤膜等需求的不断增强，订单、产值双双增长，完成工业总产值5.67亿元，同比增长22.59%，实现销售收入5.25亿元，同比增长27.19%。反渗透膜组件产量达500万平方米；磷系、锰系锂离子电池材料产量已达1万吨；高纯氟产量已达2万吨；华鲁新材料投资建设国内最大的100万吨高性能树脂基复合材料生产基地已形成一期18万吨产能。

（三）部分产品技术取得突破

随着国家大力推进新材料产业发展，贵州部分新材料行业企业加大了研发投入，在部分产品研发方面取得较大突破。贵州钢绳股份有限公司依靠国家级企业技术中心、国家级实验室、国家火炬计划重点高新技术企业等科研平台，研制生产了桥用吊杆绳、提升用四股不旋转钢丝绳、异型股钢丝绳、挖泥船用三捻钢丝绳等十几种新产品，填补了我国高端线材制品工业空白，打破国外垄断。贵阳时代沃顿科技有限公司通过"引进、消化、吸收和创新"突破了国外大型膜制造商的技术封锁，逐步掌握了RO膜制备的关键核心技术，生产的反渗透膜已成为贵州新材料产业发展的拳头产品。目前，时代沃顿拥有9个系列50多个规格品种的复合反渗透膜、纳滤膜和超滤膜产品，其中家庭净水产品在国内市场占有率第一，远超国外品牌。

二、存在问题和困难

（一）产业规模小

近年来，贵州新材料产业发展取得明显成效，但是由于起步较晚、发展基础薄弱等影响，全省新材料产业领军型企业、骨干企业不多，产业规模较小，对全省产业发展的贡献不高，2015年，新材料产业占全省七大新兴产业产值比重仅为10.12%，就新材料产业在制造业全产业链中的重要作用而言，这个产值规模与新材料产业的重要性不相匹配，产业规模小是全省新材料产业的一个根本性突出问题。

（二）产业链不长，处于产业链高端产品不多

就贵州新材料产业具体行业来看，尽管有贵州钢绳股份有限公司、时代沃顿等几个在业内具有较强竞争力的企业，其生产的部分产品具有较强的市场美誉度、品牌影响力、市场竞争力，但总体来看，这些具有竞争力的产品产业链不够长，没有在上下游、前后端间形成相互衔接和协同发展的产业链，尚未形成围绕核心产品而开发生产的系列产品。同时，其他市场竞争力不强的企业更是普遍存在产业链不长，产品单一，产品多处于价值链低端等特点。

（三）有效供给水平有待提高

新材料产业属于技术资金密集型产业，创新研发的高度决定了产业发展水平。结合全省新材料产业发展来看，由于研发投入不足，创新能力不强，研发水平整体不高，导致产业总体竞争力不强，有效供给水平有待提高。一方面，部分企业转型升级步伐较慢，没有研发出适应市场需求变化的系列产品，增加产品供给的有效水平，既存在某些产品市场竞争力不强，供给过剩，又存在有效供给不足的问题；另一方面，即使现有具有一定市场竞争力的产品，也多是处于价值链的低端，品牌影响力有限，利润空间不大，很少有行业拳头产品。

三、思路

认真落实党中央、国务院决策部署，牢固树立和贯彻落实创新、协调、绿色、开放、共享的发展理念，深入推进供给侧结构性改革，依托贵州发展新材料产业的要素资源优势，结合贵州新材料产业发展基础，坚持需求牵引、创新发展。市场主导、政府引导等原则，推进材料先行、产用结合，以满足传统产业转型升级、战略性新兴产业发展和重大技术装备急需为主攻方向，着力构建以企业为主体、以高校和科研机构为支撑、军民深度融合、产学研用协同促进的新材料产业体系，着力突破一批新材料品种、关键工艺技术与专用装备，不断提升全省新材料产业的市场竞争力。

四、重点

依托贵州资源优势，培育和发展一批高性能金属材料和合金材料、高

第五章 新材料产业

性能无机非金属材料和新型建筑材料、含磷、氟、碘、硅、稀土等元素的精细化学品材料和高分子材料、新能源材料和电子功能材料等的新材料产业集群；着力突破一批重大关键共性技术瓶颈，形成一批拥有自主知识产权的核心技术和比较优势明显、产业配套完善、有序集聚发展的先进新型材料骨干企业及产业基地，把新材料产业发展成为全省重要的支柱产业。

（一）优化布局

依托贵阳、遵义、福泉新材料产业集聚区，整合有效资源，优化产业布局和发展环境，推进特色产业基地的建设。

贵阳市依托贵阳国家新材料高新技术产业化基地、开阳磷煤化工（国家）生态工业示范基地、省材料技术创新基地、修文（扎佐）新材料园等聚集区，重点发展高性能铝合金、反渗透膜及组件、电池材料、磷精细化工系列等新材料。

遵义市依托红花岗区湘江工业园区、桐梓县楚米工业园、安顺西秀工业园和平工业园区及钛材料特色产业化基地，围绕钛、铝等产业和原料优势，集中发展高纯钛及钛合金、特种钢绳等新材料，建设高端轻质结构材料示范基地。

黔南州依托福泉市磷化工新型工业化产业示范基地，围绕磷及磷矿伴生资源优势，重点实施电子级氟化氢、三氯氧磷、高纯四氟化硅等产品的升级换代。

铜仁市依托精细化工高新技术产业基地和松桃工业园，围绕锰资源完整的上游产业链优势，大力推动锰系列材料的精深加工和树脂基复合材料的产业化。

毕节市重点建设新型电池材料产业园，着力打造以磷酸酸铁锂系列、石墨烯复合材料为核心产品的产业链条。六盘水市围绕玄武岩资源优势，重点推动玄武岩纤维等新型建筑材料的产业化。

（二）加快重点产业发展

重点发展特种金属功能材料、高端金属结构材料、先进高分子材料、新型无机非金属材料。

特种金属材料。依托贵州省磷矿、锰矿、稀有金属矿的资源优势和产业基础，打造以发展先进储能材料和新型半导体材料为主线的产业链，努力在高端产品的研发和应用方面取得新的突破。通过沟通区域内上游矿产资源开采、冶炼和下游新能源、装备制造等产业的协作，带动以采、冶、初级加工为主的基础原材料传统产业升级，向高端新材料产业方向延伸发展，壮大产业规模，提升产业层次，主要发展锂离子电池、铝电池、光伏电池等先进电池材料和太阳能电池用多晶硅、大尺寸蓝宝石材料、银粉及无铅化电子浆料、平板显示器件厚膜玻璃浆料、障壁及背板反光玻璃粉等高性能电子信息材料；新型元器件、平板电器元器件关键材料以及石墨烯、碳化硅、新型电路基材、电子浆料、封装材料、透明电极导电材料、电子级磷酸，高纯三氯氧磷、铁酸钡、黑磷、铝磷化合物等电子功能新材料；积极发展高纯镓、氮化镓、砷化镓等半导体光电子材料以及PTC、NTC陶瓷材料，积极培育生物可降解材料、环境友好材料、电子电器产品限用物质替代材料等。

高端金属结构材料。充分发挥贵州省在电解铝、海绵钛、钢铁产业基础上的优势条件，着力延长产业链，进一步提高产品技术含量和附加值，以铝及铝合金、钛及钛合金材料等的精深加工为主线，提升高端金属产品的生产加工关键技术和装备水平，重点发展高强、高韧、耐蚀、耐疲劳的高性能铝合金、铝锂合金、铝合金半固态坯料和零件、大型及超大型铝合金工业型材；合金牌号TA15高性能钛合金板、带材等；高纯净高温合金；高性能汽车用钢包括高品质轴承钢，汽车动力系统用的齿轮钢、非调质钢和弹簧钢等。加快开展锰、钒等特色优势金属新材料

第五章 新材料产业

及其衍生材料重大关键技术、共性技术攻关和新产品开发，重点突破上述金属材料成分设计和工业化熔制技术、超轻金属结构和层板复合结构的设计及制备技术、增强体和基体的空间及尺度可控复合技术、精确成形技术以及先进粉末冶金技术，加快陶瓷钢制备技术产业化应用，加快拓展新型金属材料在航空航天、国防军工和社会生活等各领域的应用，形成高性能合金材料产业链，打造西南地区重要的轻量化工材料示范基地。

先进高分子材料。依托贵州省在磷化工、膜材料、树脂基复合材料方面的产业基础和研发实力，采取自主研发和技术引进并举，走精细化、系列化路线，大力开发新产品，改善质量，努力扩大规模，重点发展功能性膜材料、电子级高端精细化工品、高性能氟材料、树脂基复合材料等，包括反渗透膜、纳滤膜材料，光伏用PET膜，电池隔膜材料，可溶性氟树脂板、薄膜、管制件，三氟乙酸、三氟甲基系列精细化学品，电子级红磷，无机改性高聚物复合材料等，打造西南地区重要的先进高分子材料产业基地。

新型无机非金属材料。坚持国家产业政策要求，加快淘汰工艺落后、能耗高、污染重，不符合行业准入的小企业。在满足能源、交通、电力、冶金等产业发展的基础上，开发一批具有自主知识产权的技术和产品，提高产品附加值、技术含量和质量档次，努力拓展无机非金属新材料产品新的应用领域和市场空间，大力发展超微细功能粉体材料、功能陶瓷材料、高性能非金属矿物材料、防辐射材料、耐火材料、隔热保温材料、高纯非金属材料、高性能无机纤维材料、新型硅质和铝硅质耐火材料、绿色碱性耐火材料、功能型耐火涂料、精细碳酸钡（钡盐）产品等，重点推进纳米材料在塑料、橡胶、涂料、合成纤维、合成树脂、陶瓷、日化、电子等产业中的应用，积极开展特色非金属矿物材料高性能化重大关键技术攻关和新产品研发及产业化，发展太阳能光伏电池原辅料等制备技术。同时加快培育无机非金属新材料，支撑新材料产业发展。

第六章

大健康产业

大健康产业是指维护健康、修复健康、促进健康的产品生产、服务提供及信息传播等相关产业的统称,具有产业领域广、链条长、成长性高等特征。李克强总理指出,"要把健康产业作为国家支柱型战略产业"。党的十八届五中全会将"健康中国"上升为国家战略,相继出台了一系列关于加快发展健康产业的政策措施,特别是全国卫生与健康大会对加快发展健康产业等做出系统部署,为大健康产业带来了重大发展机遇,大健康产业正在加快成为推动经济社会持续发展的重要力量,大健康产业方兴未艾,大健康时代呼之欲出。

一、现状

近年来,贵州充分发挥资源优势、区位优势、政策优势,紧紧围绕市场需求，坚持以优势聚资源、以融合带发展，着力构建以"医、养、健、管"为支撑，特色鲜明、互动融合的大健康产业链，大健康产业蓬勃发展。

（一）产业规模不断扩大

近年来，全省大健康产业发展迅猛，大健康产业已成为千亿元产值产业。2015年，全省大健康医药工业总产值325.4亿元，占全省规上工业总产值的3.08%，医药制造业增加值101.63亿元，同比增长6.9%。以苗药为代表的民族医药总产值324.65亿元，占全省医药总产值的84.5%。累计获得药品批准文号2329个。单品种年销售额上亿元的药品品种46个，苗药销售产值超过150亿元，是全国销售最大的民族药。中药材种植面积达546.83万亩，总产量181.04万吨，太子参、石斛、薏苡、刺梨等种植面积和产量居全国首位。新增社会办医疗机构129家，每千名老人拥有养老床位达到30.7张，来黔游客中以健康养生为目的的游客达1.18亿人次。

（二）企业发展势头良好

2015年，全省共有医药企业170家，年产值亿元以上企业46家，5亿元以上企业11家，10亿元以上企业6家；上市企业13家，其中主板上市6家。益佰、百灵、景峰、信邦、汉方、神奇、同济堂等一批重点企业入列"全国制药500强"。国药集团、广药集团、华大基因等众多国内外知名企业已落户贵州，"龙头企业顶天立地、中小企业铺天盖地"的发展格局初步形成。

（三）产业集聚效应初显

已建成益佰医药工业园、乌当医药产业园、修文医药产业园等医药园区 6 个，园区入驻企业 79 家，占全省医药企业的 45.1%，贵安新医药产业园等一批园区加快建设。

以益佰、乌当、修文等医药产业园为重点的"贵阳新医药产业圈"产业集群加快形成，以贵阳、贵安新区、遵义为重点的"黔中综合健康养生圈"等健康养生产业集群粗具雏形。侗乡大健康产业示范区、梵净山大健康医药产业示范区加快发展，贵安新区、乌当区等 10 个大健康医药产业发展示范县（市、区）加快建设。

（四）创新能力明显增强

科技研发支撑有力，全省中药民族药产业领域共建有省级以上重点实验室、工程（技术）研究中心、企业技术中心等创新平台和机构 59 个，科技创新人才团队 19 个，人才基地 9 个。国家苗药工程技术研究中心、现代苗药创新技术研究院落地建设，首个具有世界领先水平和完全自主知识产权的化药新药"替芬泰"获临床批件。"芪胶升白胶囊""热淋清颗粒""益心舒胶囊"三个独家品种的省级科技重大专项顺利实施。全省有药品独家品种 336 个，具有自主知识产权的民族药品种 154 个。坚持推动大健康与大数据融合创新，成立了全国第一家正式挂牌的互联网医院"39 互联网医院"，初步建成"医疗健康云""食品安全云""检测云""心电云"和"互联网+慢病管理平台""互联网+肿瘤诊疗服务平台"的大健康数据"四云两平台"。

（五）发展环境不断优化

省政府先后出台了新医药产业和健康养生产业发展规划，推进新医药产业发展的指导意见和支持健康养生产业发展的政策措施的意见等系列规划和政策措施，还有大健康医药产业发展六项实施计划，全方位推进大健康产业发展。精心谋划建立总投资 2100 亿元的"6 个 50"重点

第六章 大健康产业

工程滚动项目库，一批辐射能力强、带动效应大的项目加快建设。创新发展医养结合、康养融合、互联网医疗等新机制和新模式，从体制机制上不断释放大健康产业市场活力。

二、问题和困难

（一）产业结构不尽优化

近年来，贵州着力推进大健康产业发展，形成了大健康医药、大健康医疗、大健康旅游等蓬勃发展的格局，但从全省大健康产业的内部结构来看，大健康医药产业一枝独秀，产业规模最大，对大健康产业发展的支撑最强，而其他产业规模较小，贡献率较低。且就大健康医药产业来说，内部结构也不够优化，产品结构单一，品种利用率低，附加值低的中药、民族药占比偏高，2015年，贵州中药民族药约占全省医药工业比重的80%，而临床用药范围广、用量大、附加值高的化学药、生物药品种少，高端医疗器械和可穿戴设备制造还在起步阶段，没有形成产业规模。此外，化学药品种批号资源与产值贡献背离，有超过一半的药品批号闲置，47.4%的批号产值贡献率仅为3.6%。

（二）企业创新能力不强，活力不足

总体来看，在国家实施创新驱动战略、大健康产业快速发展的大背景下，贵州大健康产业企业创新能力和发展活力都有待提高。一方面，创新能力不足，核心技术缺乏。新药研发、专利药首仿和关键共性技术自主创新能力水平较低，产品更新换代和技术升级慢，缺乏在全国有影响力的医药知名品牌和优势品种。另一方面，企业发展活力不足。全省大健康重点企业带动不强，没有形成龙头企业引领、配套产业集聚的发

展格局，对行业的整合带动作用不强。同时，从事大健康产业的中小企业数量不多，活力不足。例如，2015年贵州171家制药企业中，规模以下企业65户，占1/3以上，且部分处于停产或半停产状态。

（三）要素集聚度不占优，整合动力缺乏

一方面，我国大医药集团、大品种药、高端药以及技术、资金、人才等产业要素资源配置主要集中在东部省区，贵州医药工业主营收入约占全国的1.2%，排全国21位，在人才、资金、品种、营销等产业要素上，没有形成"产业洼地"；另一方面，全省大健康企业的现代经营意识不强，市场意识和危机意识不够，对产业政策、市场信息分析研究不足，互补合作意识不强，有的甚至存在"小富即安"的观念，经营模式僵化，管理水平较低，缺乏进一步整合资源做大做强的内生动力。

三、思路

全面践行"创新、协调、绿色、开放、共享"发展理念，坚持把人民健康放在优先发展的战略地位，突出"融合、绿色、创新、扶贫"，坚持以提高发展质量和效益为中心，坚持以推进供给侧结构性改革为主线，牢牢守住发展和生态两条底线，深入推进大健康与大数据、大生态、大旅游融合发展，推动大健康产业前延后伸、高位嫁接、跨界融合，深入实施产业大扶贫、大平台、大创新、大项目、大企业五大工程，建设以智慧健康产业发展示范基地、健康旅游产业发展示范基地、大健康产业开放发展示范基地和大健康产业扶贫示范区"三地一区""四位一体"的大健康产业集聚发展示范区，努力把大健康产业培育成为贵州省新的经济增长点和重要支柱产业。

四、发展重点

(一) 大力发展以"医"为支撑的健康医药医疗产业

1. 做强以中医药民族药为重点的健康医药产业

依托现有医药企业、医院和科研院所，推动中医药民族医药振兴发展。在加强苗医药传承的基础上，运用现代科技和现代医疗技术，挖掘开发民间组方、验方，开发疗效确切、安全性高、有效成分明确、作用机理清晰的苗药产品，加强对优势产品及大品种的二次开发，推动苗药现代化、国际化进程。鼓励有条件的中医院、民族医院设立苗药制剂中心，开展苗药制剂的配制和研发。积极支持省内苗药研发机构申报全国"重大新药创制"等科技专项。鼓励苗药企业兼并重组，培育壮大一批骨干企业，加快打造集种植、生产、流通、应用于一体的苗医药全产业链。加快推进苗药进入中国民族药行列、《中华人民共和国药典》、国家医保目录和国家基本药物目录，提高市场占有率。

——大力发展现代中药产业。围绕从药材育种种植、饮片加工、植物提取到中成药、保健品、膏方、中药饮料等中药产业各环节，培育一批中药研发、生产、销售的骨干企业。加强中成药的研究和开发，开展疗效确切的单方、验方、医院制剂等为基础的中药新药研发，实施名优中成药大品种二次开发与培育工程，优先开发有中医药治疗优势的中成药品种。鼓励开发以经络理论为基础的中医养生保健器械产品和以中药材为基础的保健食品、药膳产品和日化用品。推动中药饮片加工和中药制药企业做大做强，扩大优势产品规模，努力打造中药产业集群。

——加快发展生物医药和化学制药。积极开发预防、诊断重大传染病的新型疫苗和诊断试剂，支持华大基因西南库等项目建设，加快在基因工程、酶工程、发酵工程等方面形成一批拥有自主知识产权的生物创新药物，推动细胞治疗、基因治疗等技术开发及产业化。围绕恶性肿瘤、心脑血管病、糖尿病、肝炎等重大疾病防治，加快创新药物的研发和产业化。大力研发针对重大疾病的化学药高端制剂、生物技术药物，开展新结构、新靶点、新机制的创新药物研究，推进"替芬泰"（一类新药）、黄芪甲苷葡萄糖注射液、炭疽免疫球蛋白等新产品、新制剂产业化，加快推进一批一类新药上市。紧盯国外专利到期药物，重点抢仿米格列奈钙、苯磺硫胺、阿齐沙坦等市场潜力大、临床急需的品种。重点推动贵安新区生物科技产业园等生物医药基地（园区）建设。支持贵安新区建设成为西南地区生物医药创新中心，打造享誉全国的"西南药谷"。

——积极发展高性能医疗器械。依托军工企业优势，大力开发生产医用氧气加压舱、电动轮椅智能控制系统等数字化、智能化医疗设备，引进和培育一批数字影像、检验检测、诊疗设备、医用特种车辆、体外诊断试剂等研制和生产企业。加快推进贵州医疗影像+基因大数据中心、天泉医疗LED无影灯项目建设，积极发展可穿戴、远程诊疗等智慧医疗技术和产品以及医学影像设备、医用机器人等高性能医学装备，打造西部地区高端医疗设备研发制造中心。支持开发精密输液器、蛋白质芯片传感器、可吸收生物材料等高质医用耗材产品。

2. 做精以大数据医疗为特点的健康医疗产业

加快医疗卫生基础设施建设，完善医疗服务体系，大力发展中医药医疗、高端护理、康复疗养服务，促进社会力量办医，引导发展第三方影像中心、检验中心，运用大数据积极推动智慧医疗服务发展，做精以大数据医疗为特点的健康医疗产业。

积极发展智慧医疗服务。加快建立健全远程医疗应用体系和分级诊疗信息系统，大力开展分级诊疗模式，促进不同医疗机构间的医疗信息

第六章 大健康产业

共享、协同医疗和整合服务,培育健康医疗大数据应用新业态,构建健康医疗大数据产业链。加快建立心脑血管病、肿瘤、代谢性疾病及自身免疫性疾病等发病诊疗数据信息库,重点发展基因检测、转化医学、个体化治疗等医疗服务,推动医疗向精准医疗和个性化医疗发展。

加快发展高端护理、康复疗养服务。依托独特的生态、旅游、温泉等资源,积极引进先进医疗技术,发展独具贵州特色的慢性病康复愈养服务,积极开发中医"治未病"预防康复疗养项目,支持建设一批慢性病康复疗养基地,建设慢性病康复疗养中心,完善慢性病防治服务网络,建立健康档案、健康风险评估、健康干预和效果评价的服务体系,建设国家慢性病综合防控示范区。

(二)大力发展以"养"为支撑的健康养老产业

积极应对人口老龄化趋势,充分发挥贵州生态环境等综合优势,培育一批社会化、综合性健康养老服务机构,完善老龄健康支持体系,做优以医养结合为重点的健康养老产业。

——建立覆盖城乡的养老服务产业化模式。发展专业养老服务组织,开展日间照料、全托、半托等多种形式的老年人照料服务,逐步丰富和完善服务内容,鼓励发展上门巡诊、紧急救援、日常照顾、家庭护理、家政服务、法律咨询、休闲娱乐、精神慰藉等服务。

——加快发展健康养老服务产业。依托生态资源、医疗资源等,把医疗、气候、生态、康复、休闲等多种元素融入养老产业,大力发展老年体育、保健疗养、旅居养老、休闲度假型"候鸟"养老旅游等新业态,加快开发一批集休闲旅游、度假养生、康体养老于一体的综合养老项目建设,积极向国际著名健康养老机构开展招商引资,借力推广贵州健康养老品牌,加快培育和引进一批创新能力强、信息化应用水平高、品牌知名度广、辐射示范性大的创新型养老服务企业,鼓励企业向经营方式灵活化、服务品种多样化、服务形式特色化、服务质量精细化的方向发展，建立集"住、养、医、护、康"五位一体的养老服务新模式，将贵州打造成为面向全国乃至全球的国际化养老服务产业基地。

——推进医养结合发展。建立健全医疗卫生机构和养老机构合作机制，鼓励养老机构开展医疗服务，鼓励医疗卫生机构与养老服务融合发展，推进发展兼具医疗卫生和养老服务资质和能力的医养结合机构。发展集预防保健—疾病治疗—慢性病康复—长期护理为一体的医养服务，为老年人提供治疗期住院、康复期护理、稳定期生活照料及健康管理、临终关怀一体化的健康和养老服务。

——积极发展智慧养老产业。建设养老机构与卫生医疗服务机构相互支撑平台，推广使用高智能化信息技术仪器，重点支持老年人呼叫服务，提高养老服务供给的多元化、智能化和精准化水平，实现对老年人的主要生命体征等情况进行远程监测，为有服务需求的老年人提供应急呼叫服务。

（三）大力发展以"健"为支撑的健康运动产业

大力实施"生态体育公园100计划"，建设一批国家级体育运动训练基地、山地户外运动基地和水上运动基地。着力打造一批有影响力的山地户外精品赛事。运用大数据积极推动体育与互联网、健康医药、旅游、健身指导培训等融合发展，促进康体结合。把贵州建成西部重要和全国知名的户外运动中心。

——大力发展山地户外运动。依托贵州省独特的山地地形地貌资源，着力引进国内外知名企业，加大资源开发力度，大力发展山地越野、山地自行车、山地摩托、山地汽车、野外探险、户外露营、攀岩等山地户外运动健身康体产品，形成类型多样、特色各异的山地户外运动产品。根据发展基础，加快一批山地户外运动示范基地建设，建立山地户外运动健身康体基地（中心）。运用现代营销手段，推动赛事与旅游、文化、商贸等深度融合发展，打造一批在全国最具影响力的体育旅游和健康休闲综合性运动赛事品牌，加快把贵州省建设成为全国重要的康体旅游运动基地。

——大力发展水上户外运动。依托贵州省丰富的湖泊和河流等水体资源，根据不同水域特点，大力发展漂流、垂钓、皮划艇等水上运动，形成多类型、多层次的水上运动产品。在水体湖泊资源富集区域，建设一批水上运动示范基地，加快发展贵阳红枫湖皮划艇、麻江下司水上运动，兴义马岭河、荔波水春河、施秉杉木河、贵阳桃源河等地的漂流，重点推进红枫湖国家亚高原水上运动训练基地、下司国家皮划艇激流回旋体育训练基地等一批水上运动基地项目建设，积极举办皮划艇、龙舟赛、野钓大赛、独竹漂等水上赛事活动，扩大"碧江赛龙舟""下司皮划艇激流回旋""金沙冷水河全国溯溪大赛"等水上运动赛事的品牌影响力，把贵州省建设成国内重要的水上运动基地。

（四）大力发展以"管"为支撑的健康管理产业

加快发展个性化健康管理。积极引进国内外知名的专业性健康体检机构和品牌，加快发展家庭医生、个性化体检、疾病筛查、保健指导、健康干预、慢性病管理、心理健康咨询等为主体的健康管理服务产业，逐步开展以个人行为、生活方式、预防保健、慢性病管理为重点的全面、系统、连续、一对一的个人健康风险评估体系。

——加快发展智慧健康管理。充分发挥健康大数据的基础支撑作用，鼓励健康管理机构依托大数据或云计算平台建立个人健康档案或本地区健康档案数据库，支持发展网上在线咨询、电子支付、交流互动等"智慧健康管理服务"。支持贵阳市和贵安新区建设省级数字化健康管理服务中心，积极开发和应用数字化健康管理信息系统、健康管理APP软件和健康数据增值服务，推进医疗服务、医药研发、预防保健、健康管理等大数据的采集、存储和共享技术，加快发展移动终端、穿戴式植入式智能终端设备等数字化健康管理设备和产品，实现本地和远程的健康信息管理互联互通，促进健康管理向基层延伸，提升健康管理服务水平。

——加快推进家庭医生签约服务。强化个人全程健康管理理念，拓展和深化家庭医生签约服务，在贵阳市全面推行家庭医生签约服务的基础上，推动家庭医生签约服务逐步实现全省全覆盖。鼓励健康管理机构组建由全科医生、中医师、公共卫生医师、家庭护士、健康管理师等组成的健康管理服务团队，为签约对象提供个性化的健康管理服务。积极创新家庭医生签约服务模式，不断拓展健康管理服务、社区医疗和双向转诊服务、家庭病床服务和远程健康监测管理服务、健康评估服务等服务内容。鼓励签约医生利用所在单位的云医院、网络平台、健康咨询热线、手机及电视终端等多种途径，为签约居民提供便捷的健康咨询互动服务。

（五）大力发展以"游"为支撑的健康旅游产业

依托独特的生态、康养与旅游资源，推进大健康与大生态、大旅游深度融合，加快发展休闲养生、温泉养生、滋补养生、休闲旅游等健康旅游业态，打造"黔中综合健康养生圈"等一批健康旅游集聚区，建成一批省级健康旅游示范基地，把贵州打造成国际知名的宜居颐养胜地。

——大力发展以避暑度假为特色的休闲养生业态。把贵州建成覆盖全生命周期和全地域发展的休闲养生目的地。依托贵阳、兴义、遵义、安顺、六盘水、毕节等度假旅游城市和度假型景区，建设一批休闲度假和避暑旅游基地，配套建设生活服务、运动保健、文化娱乐等设施，丰富休闲度假活动内容，延伸度假产业链。

第六章　大健康产业

加快推进黄果树国际生态文化旅游度假区、贵州荔波森林氧吧产业园、贵安新区云漫湖国际休闲旅游度假区等项目建设。积极推动与海南、成渝、广东、福建等地的跨省域合作，融合避暑度假、休闲体验、健康养生保健等多种元素，大力发展避暑度假服务，打造"冬去海南、夏来贵州"的休闲养生度假新模式。发扬中国传统和苗、布依、侗、瑶、水等民族修身健康养生理念以及现代健康理论，大力发展景区森林浴、登山览胜、天然氧吧、竹林疗养等生态文化养生体验产品，调整和改善参与者的身心健康。

——大力发展以温泉疗养保健为特色的温泉养生业态。依托贵州丰富的温泉地热水体资源，结合美容、瘦身、康体等功能，发展以温泉疗养、温泉保健等为调养手段的健康养生业态。一方面，在石阡、金沙、剑河、息烽、绥阳等温泉资源丰富的地区，加快建设一批温泉养生小镇、温泉度假城、温泉保健疗养示范基地，打造特色温泉体验中心；另一方面，积极挖掘中医药和民族医药温泉健康养生文化，开发石温泉、咖啡泉、水果泉、白酒泉、中药或民族药泉、休闲理疗区、香薰水疗区、民族文化温泉区、动感温泉区等游客参与性和体验性强的产品。通过温泉特色小镇和一批全国一流的温泉保健疗养产品品牌建设，把贵州打造成为全国闻名的温泉疗养基地。

——大力发展以绿色有机健康产品为特色的滋补养生业态。以中医民族医健康养生理念为基础，依托绿色有机食品、中药材，围绕维护身体健康，发展以调饮食、补偏救弊和保健等为调养手段的健康养生业态，重点发展绿色有机健康养生食品、药膳健康养生产品和中医民族医保健等滋补养生业态。综合开发利用贵州省中药材、生态农产品和中医民族医优势，着重提升贵州省苗、瑶、侗、水等民族医的保健养生作用和影响力，在各市州府所在地周边、重要旅游城市和绿色农产品和中药材资源富集地区，大力建设一批融合生态农产品种（植）养殖、旅游观光、食疗、中医民族医保健等元素的滋补养生基地。着力研制和生产具有自主特色品牌的无公害绿色有机健康养生食品、药膳健康养生产品和保健产品。通过养生基地建设、系列养生产品打造，把贵州打造成全国重要的人体滋补养生基地。

——大力发展以健康养生、中医药保健为特色的健康旅游业态。推动医疗、养生、养老、生态、旅游嫁接融合，大力发展康养旅游产业。培育开发生态文化体验、避暑养生、温泉保健、高端精品农业休闲观光等各类康养旅游新业态、新产品，加快推进健康养生、健康养老、健身康体等产业与绿色生态产业、山地旅游产业深度融合，发展景区森林浴、登山览胜、天然氧吧、竹林疗养、山地运动等生态康养旅游产品。开发以中医药文化传播和体验为主题，融中医医疗服务、中医药养生保健服务、旅游度假为一体的中医药健康旅游线路。建设一批中医药特色旅游城镇、度假区、文化街、主题酒店，形成一批与中药科技农业、名贵中药材种植、田园风情生态休闲旅游结合的养生体验和观赏基地。开发中医药特色旅游商品，打造中医药健康旅游品牌。

（六）大力发展以"食"为支撑的健康药食材产业

依托贵州生态、药材资源优势，推进绿色食材种植及研发生产，做大健康药食材产业规模。

——大力发展中药材种植业。立足贵州中药药材资源优势，统筹整合扶贫、农业、林业、科技、土地等领域有关专项资金和支持政策，围绕中药材重点县打造一批规范化、标准化、规模化的中药材种植及良种繁育基地，实现种植、加工、观光一体化。重点推进施秉、黎平、独山、七星关等12个中药材产业示范园区建设升级提速，大力培育太子参、天麻、石斛等20个道地特色中药材大品种。完善中药材市场网络，建立储藏标准化、管理信息化的大容量仓储物流基地，设立产地电子交

第六章 大健康产业

易中心。

——积极推进绿色食材种植及研发生产。坚持以市场为导向，加快发展无公害农产品、绿色食品、有机农产品和地理标志产品，建设一批规范化、标准化、规模化种植及良种繁育基地，扩大"三品一标"种植规模，加快推进"三品一标"认证，大力打造茶叶、刺梨、薏仁、山药、火龙果、花椒、核桃、茶油、蓝莓、食用菌等特色食品品牌。引导和鼓励企业利用天麻、石斛、山（金）银花、刺梨、薏苡等药食两用药材，研发中成药新产品、食疗保健品、食物营养品、医药中间体、美容化妆品等，扩宽中药材价值利用空间。

第七章

装备制造业

一、现状

高端装备制造业是衡量区域制造业水平的标志性行业，是《中国制造 2025》重点支持发展的产业。依托三线建设时期军工制造业基础，贵州装备制造业发展一度具有相当高的水平。随着大数据时代到来，将加快新一代信息技术与装备制造业的融合发展，装备制造业转型升级发展迎来了良好机遇。

（一）保持高速增长，水平显著提升

近年来，全省高端装备制造业保持良好的发展态势，增速连续多年处于高位，研发技术水平显著提升。2015 年，高端装备制造业完成工业

总产值 217.16 亿元，实现工业增加值 58.69 亿元，同比增长 21.03%，其中，贵飞公司完成工业总产值 25.32 亿元，同比增长 40.04%；黎阳航空完成工业总产值 33.2 亿元，同比增长 6.72%。全省高端装备制造业已初步形成以航空航天装备为重点，以智能制造装备为特色，军民融合发展的产业体系。高级教练机、无人机、航空发动机已具备较高的科研生产能力，航空发动机、航空机载附件、航空液压件、航空标准件、精密铸锻件、精密微特电机等具有较强的配套优势，高速重载货车、高速机车刹车系统、高速铁路专用雷达测速仪及磁电传感器部件等处于国内领先水平，高速工程车、水陆全地形抢险车等特种工程机械居国内先进水平。

（二）项目建设有效推进

项目是经济发展的支撑。全省规划布局的部分高端装备制造业项目建设有效推进，为产业乃至经济的发展奠定了坚实基础。民用无人机及零部件产业化项目顺利推进，民用无人机已经研制出来并在金沙江、拉萨成功完成航拍任务，正在处于产业化市场投入阶段；民用飞机零部件等温锻造生产线项目已竣工投产，民用飞机精密铸造产业化项目中 C919 等民用飞机零部件精密铸造生产线已建成投产。贵阳能矿产业装备基地中煤盘江项目一期已建成投产；贵州航宇科技发展股份有限公司的"特种合金精密锻件热处理和机加生产线建设项目"、贵州詹阳动力重工有限公司"JY640—644 系列重型全液压履带式挖掘机批量生产项目"、贵州航天精工制造有限公司的"钛合金大底脚螺纹抽芯铆钉产业化项目"推进良好。黔西、金沙等地已建成投产一批煤机制造项目。

（三）产业布局多面开花

贵州省装备制造业依托于三线建设时期的国防科技工业发展而来，

历经调迁改造，在产业空间布局上主要集中在贵阳、遵义、安顺，三个地区装备制造业产值曾占全省90%以上。"十二五"以来，各市州大力发展装备制造业，尤其是毕节市在装备制造业基础几乎空白的情况下，通过招商引资和发挥资源、市场优势，建立了以汽车、矿用机械和铸件为特色的装备制造产业体系，到2015年，毕节市装备制造业产值预计达到140亿元，全省占比超过10%，超过安顺市排名第三。此外，黔南州、六盘水、黔东南等市州装备制造业快速发展，贵安新区一批装备项目从2016年起逐步投产见效，为全省装备制造业保持较快增长奠定了坚实的基础。

二、存在的主要问题和困难

（一）技术创新能力不足

近年来，全省装备企业申请专利数量占全省专利申请总数的1/3左右，但主要以实用新型专利为主，且大部分均为改型、参数变更等，真正具有技术含量的发明专利不足10%，部分企业的产品开发主要依靠仿制，只能生产产业链的低端产品。多数装备制造企业产品技术水平不高，没有形成自己独特的专有技术，高技术产品少，且工艺装备落后、生产效率低等问题突出，产品更新换代的速度跟不上步伐，行业整体竞争能力较弱。

（二）产业配套基础薄弱

一方面，贵州省缺乏相应配套产品，多数关键配套系统和零部件主要依赖省外供应或进口，如数控机床的控制系统、汽车的底盘和动力总成等；另一方面，贵州省虽有相应配套产品，仍难以为省内主机配套，例如，工程机械和矿用机械对液压泵、液压阀有大量需求，贵州省虽是国内最大的航空液压件生产基地，但因产品定位不同，却一直未能实现为省内工程机械和矿用机械企业配套的目标，难以形成主机带动配套协同发展的良性格局。

（三）专业人才严重匮乏

装备制造专业性较强，对人才素质要求较高，但由于贵州省条件相对艰苦、待遇偏低等原因，难以吸引省外人才，本省院校培养的相关专业人才大多数也流失到省外，导致装备专业人才不足。奇瑞万达客车2014年接安徽芜湖200辆新能源城市公交车订单，按合同规定应在5—8月期间交货，但因相应管理人员和生产线技术工人不足，导致到2014年年底才交货完毕，给企业带来损失的同时也丧失了市场对企业的信心。近年来，部分企业开始从国内知名企业引进人才，但还是未能从根本上改变贵州省装备制造业人才匮乏的状况。

三、发展思路

认真贯彻落实国家供给侧结构性改革精神，切实推进《中国制造2025》相关部署，依托贵州在航空航天、机械设备等领域的产业基础和技术积累，着眼于高新技术、高附加值，充分抓住大数据时代的机遇，推进高端装备制造业与以大数据为引领的信息化融合发展，推进装备制造业高端化、智能化和服务化，重点发展航空航天装备，加快发展智能制造装备，积极发展轨道交通装备，着力发展新能源装备和高端基础件，积极培育绿色船舶、3D打印技术装备，同步发展设备主机和相关配套部件制造业，提高装备制造业的本地化配套水平。实施网络协同制造示范工程，构建智能制造网络化协同服务生态圈，促进高端装备制造向精密化、智能化、信息化和绿色化方向发展，打造一批创新能力强、产业配套完备、具有军民深度融合、技术双向互动的高端装备制造产业集群，形成具有贵州地方特色、符合经济发展实际需要的高端装备制造业新布局、新态势。

四、发展重点

（一）优化布局

依托全省各区域高端装备制造业的发展基础和条件，进一步优化布局，实现高端装备制造业的差异化、特色化发展，提升全省高端装备制造业的发展水平和整体市场竞争力。进一步打造以贵阳—贵安新区为核心，安顺、遵义为两翼，以"毕水兴"地区，长顺—惠水—龙里—贵定，都匀—凯里—丹寨三条高端装备产业带为补充的"一核，两翼，三带"的高端装备制造业发展格局。科学合理推进特色产业布局在适宜的园区，航空航天装备重点布局在贵阳麦架—沙文高新技术产业园、贵安新区高端装备制造产业园、安顺民用航空产业国家高技术产业基地、贵阳国家经济技术开发区、贵州航天高新技术产业园等。智能制造装备重点布局在贵阳小河—孟关装备制造业生态工业园、遵义航天高新技术产业园、六盘水红桥新区、长顺威远工业园、惠水长田工业园、丹寨金钟工业园等。着力推进零部件生产，贵阳市重点发展航空发动机、航空机载设备、航空关键材料及零部件、工程机械装备、智能测控装备、应急装备等，安顺市重点发展以教练机、无人机等整机及航空大型结构件覆盖件、系统部件、悬挂装置、零部件等，铜仁、遵义布局发展内河船舶制造及相关产业。轨道交通装备重点布局在贵阳麦架—沙文高新技术产业园、安顺西秀工业园等。

（二）加快重点产业发展

加大向产业价值链高端的转移，努力掌握核心技术，提高可靠性，提升产品集成配套能力。推进大数据、云计算等信息化技术等与装备制造业深度融合，实现装备和产品的数字化、智能化。重点发展航空航天装备、智能制造装备、高端基础件、轨道交通装备、新能源装备，逐步形成高端装备制造与贵州省战略发展规划相适应，软环境与硬实力同发展，军工制造与地方区域经济相促进，国际竞争与国内领先并举的发展态势。

——航空航天装备。重点发展无人机、教练机、轻小型通用飞机等整机，推进航空装备生产、维修和试训一体化，打造以通用飞机为主的集飞机研发、制造、运营、维修、服务为一体的通用航空产业基地，促进航空维修和服务业发展，提升航空航天产业的核心竞争力与专业化发展能力。发展中小推力航空发动机、发动机叶片、机载设备、大型覆盖件、特种合金大型铸锻件等民用航空整机制造及配套产业。积极争取通航整机制造项目落地。扩大卫星应用系统芯片产品、天线产品的开发应用，重点发展卫星通信、导航、定位系统、卫星数据处理与系统、遥感影像处理与系统等。推动航天技术在国土资源测绘、城市规划管理与监测、抢险救灾、交通运输、物联网、远程服务等领域的产业化应用及示范推广。开展航天技术及产品在"智慧城市"试点、"天网工程""智能交通"等方面的应用。

——智能制造装备。进一步完善制造与服务体系，加快研发高精度、高可靠性的智能装备新产品，重点发展工程机械、数控装备、资源勘探与开采装备、节能环保设备、流程工业装备、智能电网配套设备、机器人等，努力提升数字装备成套集成能力，推动智能测控系统新产品的研发及产业化，推进装备制造生产过程的自动化、智能化和绿色化，

大数据背景下贵州新兴产业发展研究

提高产品附加值，带动高端装备制造整体技术水平提升。推动智能设备终端接入贵州工业云平台，打造数据驱动的智能工厂。大力培育基于云制造模式的 3D 打印创意应用产业。提高智能型中高压电气成套开关及装备、智能化变电站等产品技术水平与规模。大力推进工业机器人、高档数控机床等智能化装备在化工、医药、特色食品、新型建材等传统特色优势行业的应用。按"互联网+"的发展模式，推进智能制造机器人在航空航天、工程机械、数控机床、高端基础件、医药、特色食品及磷化工等重点领域的应用。开发移动终端、穿戴式植入式智能机器人服务等增值服务产品。

——新能源装备。以风电、光伏、分布式能源项目建设为基础，配套研发生产适合贵州省的新能源开发的装备，提高资源利用水平。重点发展具抗凝冻、低电压穿越、无功补偿等功能，永磁直驱低风速启动发电的风电机组、风光一体设备制造及系列产品，打造风电、风光一体设备及关键零部件产业链。加快风电整机成套装备产业基地建设，扩大现有大中型风电锻件、风电叶片等优势产品生产规模。做大单晶硅、多晶硅光伏发电设备制造产业，推进薄膜太阳能电池产业，积极开展太阳能并网工程。加强核电技术攻关，提高核电站设备关键零部件配套能力，以第三代主蒸汽安全阀和稳压器安全阀为切入点，重点发展核岛和常规岛各系统、各种类型安全阀和为核电配套的高附加值特种阀门。

——高端基础件。着力提升关键基础零部件制造设计水平，加快形成配套能力。重点发展航空机载附件、航空液压件、航空标准件、航空精密铸锻件、飞机机体紧固件、精密模具、高端连接与传动功能件和基础件、核电精密铸锻件、工程机械基础件，突破材料加工及成形、新材料应用工艺关键技术，推动基础件技术进步及其为高端装备配套的能力。进一步开展高速高精数控机床轴承、工程机械用高压液压元件、高端紧固件标志性基础件的技术创新，重点提升材料成形工艺的精密化与绿色化水平，提高绿色铸造、锻压、精密可控热处理等标志性基础制造工艺，加大对传统制造工艺和设备的数字化控制技术和先进适用技术改造，推进机械基础件向长寿命、高可靠性、轻量化、减免维护、再制造的方向发展，促进基础工艺向绿色、降耗、改善环境的方向发展。

——轨道交通装备。加快贵州轨道交通产业基地项目建设进度，建设轨道交通车辆制造基地，形成新造、大修城市轻轨列车能力。重点发展城市轨道 B 型车辆、轨道交通控制系统、自动售检票系统、中央空调系统节能成套技术与装备，大力发展交通装备配套用转向架、齿轮箱、轻量化车体内装饰与制动系统等关键零部件及高速重载铁路专用轴承钢、铸钢轮对、高速重载火车闸瓦、铁路专用雷达测速仪及磁电传感器部件等轨道交通装备及装置产业化产品，积极推进牵引系统、制动系统、转向系统、运控系统、自动防护系统等开发和生产。积极拓展轨道交通设备的工业设计、质检、组装、修理、配件等生产型服务业，打造轨道交通生产、制造、配套及服务产业链。

第八章

节能环保产业

由于贵州节能环保产业发展起步较晚，产业结构不合理、技术开发能力弱、产品技术含量低、产品市场占有份额低等问题仍旧突出，但随着绿色发展理念的逐渐深入，节能环保产业发展被提上前所未有的高度，贵州作为全国生态文明示范区，发展节能环保产业基础良好、责任重大。"十三五"时期，是绿色发展理念的深入践行期，是大数据等信息技术广泛应用期，是节能环保产业的黄金发展期，贵州节能环保产业发展空间广、潜力大。

一、现状

近年来，贵州节能环保产业发展取得明显成效，节能环保产业规模扩大，发展平台不断完善，技术不断突破，产业化水平不断提升。

第八章 节能环保产业

2015年,全省节能环保产业工业总产值和工业增加值分别达到52.55亿元和14.20亿元,增加值同比增长49.21%。抗污染复合反渗透膜及组件、海水淡化膜、抗污染膜以及抗氧化膜等达到国内先进水平;在磷石膏、粉煤灰等工业固体废弃物制新型建材和磷肥生产中对伴生碘、氟等资源回收、烟气脱硫等综合利用技术开发应用等方面取得一定突破。污染治理使用技术、大气污染防治、水污染防治等关键技术和成套装备已开始实施产业化。已完成近200项建筑节能技术与产品、高效节能材料的推广应用和项目示范,发电等一批节能技术装备和电机变频调速、路灯节能控制等节能技术和产品的推广应用良好。大力推进资源综合循环利用,贵阳、六盘水、安顺等地的污水再生利用项目有序推进。产业发展载体和平台不断完善,产业园区的建设有效推进,形成了贵州省环保生态产业园区、万山固体废弃物综合利用循环经济示范园区、贵安新区节能环保产业园。采用合同能源管理机制的节能服务业增长迅速,形成了一批技术水平高、竞争能力强、服务范围较为广泛的专业化合同能源管理、节能服务和环保服务专业机构。

二、存在问题

(一)产业规模小

尽管近年来贵州节能环保产业呈快速高位增长态势,但产业规模仍然较小,对新兴产业发展的支撑力度不强。2015年节能环保产值仅占全省节能环保产业产值的3.26%,产业总体实力较弱,产业层次较低,集中度不高,集群效应不明显。龙头企业带动力不强,在全国有影响力的节能环保企业较少。

（二）创新能力亟待提升

节能环保技术创新体系尚未建立，科研、开发、设计力量薄弱，技术开发投入少。贵州具有自主知识产权的节能环保技术比较少。多数企业尚未具备独立的技术及产品开发能力，现有的节能环保产品和装备大多技术含量不高、专业化水平低，市场竞争力不强。

（三）配套服务体系发展滞后

与节能环保产业发展相适应的资源能源和环境价格形成机制尚未建立，节能交易平台等公共服务平台建设滞后，再生资源和垃圾分类回收体系不健全。节能环保咨询、评估、认证、审计、诊断、核查等配套服务仍有待提高。行业自律、组织协调、综合服务等功能有待加强。

三、思路

认真落实"创新、协调、绿色、开放、共享"五大发展理念，以提高节能环保供给水平为主线，以企业为主体，市场为导向，重点工程为着力点，培育规范市场，支持企业开展创新，重点突破高效节能、先进环保等领域的关键技术，形成一批拥有自主核心技术的骨干企业，实现能源高效利用、水处理等重点领域环保技术及装备达到国内先进水平。进一步提高节能产品能效和市场占有率，加快重大节能技术装备推广应用。加快发展环境服务业，形成新的经济增长点。推进资源型企业大力发展先进资源循环利用技术，初步建成技术先进、覆盖城乡的资源循环利用产业体系。将节能环保产业发展成贵州的新兴支柱产业。

第八章　节能环保产业

四、重点

（一）优化布局

综合考虑发展基础、市场条件、区位因素等，进一步优化节能环保产业布局。节能环保产品及环保服务业重点布局在白云区生态环保产业园、贵安贵州节能环保产业园。废弃物资源化利用产业重点布局在铜仁大龙工业区、万山固废产业园、六盘水红桥经开区。资源综合利用产业重点布局在六盘水、毕节、遵义、黔南、黔西南，利用黄磷尾气制造化工产品及发电，燃煤锅炉烟气制造硫酸，瓦斯发电，磷石膏综合利用，形成生态产业格局；黔西南州、安顺市要重点利用粉煤灰、矿渣、建筑垃圾等废弃物制造新型建筑材料，形成绿色、节能、循环的生态产业格局。

（二）重点发展产业

重点发展高效节能、先进环保和资源综合利用产业，加快发展环境服务业，形成新的经济增长点，力争打造成西南地区有影响力的新兴产业。

高效节能产业。利用节能控制系统技术优势，加大技术创新投入，带动节能管理服务业发展。在现有基础上，继续发展能源管理控制系统技术，开展能源装备系统集成，延伸节能业务产业链。继续拓展节能服务领域，从建筑物中央空调系统能源管理逐步拓展到建筑物能源管理系统，开发工业企业能源管理系统技术与节能工程服务。着力推广应用节能环保技术、工艺与设备，重点支持余热余压余能回收和水回收利用技术应用、燃煤工业锅炉燃料替代改造、电解铝高效节能技术和高压变频调速、

大数据背景下贵州新兴产业发展研究

永磁涡流柔性传动技术、稀土永磁电机等节能技术应用和产业化发展。

先进环保产业。强化市场导向、龙头企业带动，顺应先进环保产业发展趋势，做大做强龙头企业，做优做精特色产业。在水污染治理等优势领域，重点发展反渗透膜、纳滤膜等高端环保材料及膜组件，培育发展一批膜处理设备制造和工程企业，积极介入工业废水处理、污水再生、自来水提标等市场领域，努力开拓国内外市场。

环境服务业。鼓励节能服务公司整合上下游资源，为用户提供诊断、设计、融资、建设、运营等合同能源管理"一站式"服务，推动服务内容由单一设备、单一项目改造向能量系统优化、区域能效提升拓展。以贵州省重化工工业节能服务和建筑节能服务为主要市场，发展一批能够提供整体解决方案的节能服务公司。在做大环境服务产业的同时，带动省内水处理设备、垃圾处理设备、节能装备制造业发展，形成环境投资驱动环境服务业发展，环境服务业带动相关产业发展的良性循环。切实推进环境污染第三方治理，鼓励电力、化工、钢铁、采矿等工业行业以及畜禽养殖行业企业将环境治理业务剥离并交由第三方治理。

资源综合利用产业。坚持绿色发展、可持续发展的理念和减量化、再利用、资源化的原则，在贵州重点耗能行业中推进循环经济发展。不断总结和推广国家循环经济试点经验，引进和利用全国循环经济科技成果，组织钢铁、有色、化工、煤炭等领域重点企业开展深度能源梯级利用、大宗工业固体废弃物的资源综合利用，不断促进废弃物循环回用和再生利用，提高资源利用效率，把省内一批骨干企业列为省循环经济试点单位，引导和支持企业对资源的循环利用。以资源化利用、循环化发展为重点，推进农林畜牧业的废物资源化和循环化利用，以林业、农业和畜牧业废弃物为原料，发展绿色低碳的生物质能源，因地制宜地建设一批以农林业废弃物为原料的小型生物质气化发电设施及分布式微电网示范工程。

第九章

贵州山地农业发展

一、发展现状

(一) 农业综合效益显著提高

"十二五"期间，是贵州大力推进现代山地特色高效农业的重要时期，是贵州大力实施大扶贫战略的攻坚期。全省农业生产水平稳定提升，粮油生产保持稳定，肉蛋奶、蔬果茶、水产品等保持较快增长，保障了主要农产品的有效供给。第一产业增加值年均增长 5.7%。农业作为扶贫脱贫第一稳定器的功能日益增强，农村居民人均可支配收入年均增长 14.4%，位居全国前列；农民收入占全国平均水平的比重由 2010 年的 58.7% 上升到 64.7%；城乡居民收入差距比由 2010 年的 4.07:1 缩小到 3.33∶1。贫困人口减少 656 万人。

（二）特色优势产业迅速发展壮大

生态畜牧业、蔬菜、茶叶、马铃薯、精品水果、中药材、大鲵和特色杂粮等特色优势产业迅速发展壮大，除生态畜牧业以外，其他产业发展规模均大幅超额完成"十二五"规划目标，粮经比从 54∶46 调整到 40∶60，农业产业结构进一步优化。部分产业逐步在全国占据一定优势地位，茶园、辣椒、薏苡、火龙果和刺梨种植规模居全国首位，马铃薯种植规模居全国第二位，中药材、荞麦种植规模居全国第三位，蓝莓种植规模和大鲵存池数居全国第四位，贵州已成为我国以夏秋蔬菜为主的产业大省之一。

（三）现代农业发展的平台和载体逐步建成

全省 6 个国家级现代农业示范区成为现代农业发展的样板和标杆，326 个省级现代高效农业示范园区成为农业产业集群、要素集聚、开放合作、示范带动的重要平台和载体。累计完成招商引资签约项目 2491 个，签约资金到位 3154.3 亿元，投资 2501.4 亿元；入驻企业 3530 家，培育农业合作社 3633 家，从业农民达 431 万人；"三品一标"认证 2099 个、面积 607 万亩，累计实现总产值 3144.1 亿元，销售总收入 2375.2 亿元。示范区和园区建设增强了农业产业发展的驱动力，为农业产业升级创造了条件。

（四）农产品知名品牌不断培育形成

全省农产品质量水平大幅提升，全省累计有效认定无公害农产品产地 3270 个，无公害农产品认证产品 1232 个。25 个农产品获农业部地理标志登记保护，其中，种植业类 18 个，规模共计 428243 公顷，产量

642308 吨；畜牧养殖业类 7 个，规模 511 万羽（万头、万只），产量 47500 吨。绿色食品认证企业数 27 家，产品 66 个，基地面积 82 万亩。有机产品认证生产组织数 292 家，获得有机产品认证证书 708 张。2011—2015 年，总计抽检农产品 14156 个，合格 13929 个，合格率达 97% 以上，农产品质量总体安全，未发生重大农产品质量安全事故。都匀毛尖、德江天麻、修文猕猴桃、三穗鸭等 64 个产品获质检总局批准实施地理标志产品保护，共有 69 家生产企业获质检总局核准使用地理标志产品专业标志。老干妈辣椒、湄潭翠芽、凤冈锌硒茶、石阡苕茶、兰馨雀舌、"茅贡"米、"牛头"牌牛肉干等农产品荣获中国驰名商标称号，356 件农产品获贵州省著名商标，一批有影响力农产品知名品牌的形成，塑造了贵州农产品绿色生态、品质安全、营养健康的品牌形象。

（五）农村各项改革全面推进

深入推进土地确权改革、集体林权制度改革、农村产权制度改革等制度创新。列入全国土地确权整省推进试点省，279 个乡镇、2823 个村开展土地确权工作，颁发承包经营权证书 3 万户。继续深化集体林权制度改革，林权抵押贷款面积 56.4 万亩，贷款金额 13.35 亿元，全省林权抵押贷款面积和贷款金额大幅增加。积极发展农村集体经济，认定一批省级农村集体经济组织省级示范单位，制定了贵州省村级集体经济发展规划，认定 22 个村为全省农村集体经济组织省级示范单位，组织开展"双超村"创建，在 31 个村开展集体资产股份量化改革省级试点。以水利建设"三大会战""美丽乡村"小康水行动计划和水资源管理制度为主抓手的水利改革全面推进。提出了农村资源变资产、资金变股金、农民变股东的改革经验，"三变"改革试点启动。农村各项改革的全面推进激发了农业农村经济发展活力。

二、问题和困难

（一）农业生产基础条件亟待改善

贵州省耕地破碎，连片平整的土地少，5000 亩以上集中连片大坝 158.5 万亩，仅占耕地面积的 2.3%。耕地质量差、中低产田土比重较大，根据耕地地力汇总与质量评价结果，按照耕地质量 15 个国家自然等标准，贵州省没有 1～7 等的优质耕地，8～9 等的耕地仅有 658 万亩。灌溉性水源工程缺乏，农田灌溉"最后一公里"问题突出，有效灌溉面积仅占全省耕地面积 30% 左右。机耕道路、生产便道配套严重不足，高标准农田比例小。主要农作物耕种收综合机械化水平低，产地市场、冷链物流和农产品加工等配套设施建设滞后，农业生产现代化装备条件差。

（二）农业科技支撑能力亟待提高

目前，贵州省农业科技进步贡献率为 45%，比全国平均水平低 11 个百分点。农业科研的总体水平不高，农业科技创新与成果转化能力薄弱，科技的支撑引领作用与产业发展的迫切需求之间差距大的问题依然未得到解决。服务特色优势产业重点领域、关键环节的先进生产技术集成创新、示范推广和成果转化不够，特别是品种选育、品质研究和产品开发等成套技术的研发与推广力度弱。农业科技人才队伍建设水平低，缺乏领军人才，基层农技推广体系薄弱，社会化服务体系不健全，农民科技素质总体偏低。

（三）新型农业经营主体实力亟待增强

新型经营主体数量少、规模小、实力弱，产业化经营水平和农民的组织化程度低。全省543家省级以上重点龙头企业，其中，国家级只有25家，仅占全国的2%；销售收入超5亿元的仅有8家，最大的企业也不过54亿元，不及国内一些优强企业的1/15。农民专业合作社质量不高、运行不规范，家庭农场和专业大户的发展还处于起步阶段，新型职业农民数量不足。

（四）产业发展水平亟待提升

农业产业发展能力和市场占有水平都不高，要把面积做成产量，把产量做成产值，把产值做成收入还有很长的路要走。全省农产品加工总量不足，一、二、三产融合发展水平不高，现代农业产业体系、生产体系和经营体系还未形成。从全省重点推进的几个主导产业来看，畜牧业生产总量不足、产值占农业总产值比重低，养殖结构有待进一步优化，草食畜牧业占畜牧业比重需要大幅度提高；蔬菜、马铃薯产业尽管种植面积较大，但规模化、标准化的生产基地少，生产水平不高，商品率低，产业链条短，竞争力不强；茶园种植面积已居全国第一，但品牌建设、资源综合利用和产品结构调整等方面都还需要进一步提升；精品果业、中药材、核桃、特色渔业、特色杂粮等产业面临扩大规模、提质增效和产业水平提升的问题。

三、发展思路

牢固树立"创新、协调、绿色、开放、共享"五大发展理念，以农业供给侧结构性改革为引领，立足资源禀赋、比较优势和产业基础，紧紧围绕转方式、调结构、保供给、促增收，在现代、山地、特色、高效上做文章，念好"山字经"，种出"摇钱树"，打好特色牌，全产业链谋划发展特色优势产业，以提升产业配套基础设施、培育经营主体为突破，以建设高效农业园区为平台，以改革开放为动力，实施品种、品质、品牌"三品"战略，实现规模化、标准化、集约化、绿色化联动发展，提高农产品市场竞争力，建成无公害绿色有机农产品生产大省。结合全省五大新兴产业发展总体要求，立足区域优势和产品优势，"十三五"期间，把生态畜牧业、蔬菜、茶、马铃薯、精品果业、中药材、核桃、油茶、特色杂粮和特色渔业等十大产业作为结构调整的重点，构成现代山地特色高效农业产业体系。分时段、分区域实施产业提升行动，推进特色产业裂变发展，率先在生态畜牧业、蔬菜、精品果业和中药材产业等取得重点突破，带动产业结构调整，实现爆发式发展和井喷式增长。做大畜牧业总量，稳定发展生猪，突出发展肉牛、肉羊，积极发展家禽，打造南方草食畜牧业大省。做强蔬菜产业，建成全国辣椒产销中心，全国重要的夏秋蔬菜基地、优质特色食用菌基地和名特优蔬菜基地。全面建成企业集聚、产业集群的中国高品质绿茶原料中心和加工中心，提升产业规模、质量、效益和品牌竞争力。加快马铃薯主食化和专用化进程，进一步夯实重点主产省基础，建成南方最大的种薯和商品薯基地。保持规模、品质、安全、流通上的优势，打造火龙果、猕猴桃、蓝莓大省。中药材种植规模、药材产量、市场占有率和综合产值大幅提高，巩固提升道地药材主产省地位。大力发展特色杂粮，建成全国最大的薏苡原料基地、加工和流通中心。加快发展香猪、三穗鸭、绿壳蛋鸡等特色养殖业，积极发展规模化稻田养鱼、虾、蟹，培育鲟鱼、鲑鳟等冷水鱼产业集群，适度有序发展库区生态渔业。因地制宜发展核桃、油茶林业特色经济。注重农业功能拓展，促进一、二、三产业融合，加强生态建设与环境保护，大力发展资源节约型、环境友好型农业，实现农业可持续发展，走出一条具有贵州山地特色的现代农业发展道路，为守底线、走新路、奔小康提供重要支撑。

四、发展重点

(一) 优化区域功能布局

根据各区域的产业发展基础，耕地气候条件等，立足规模化、集约化发展，把全省农业区域分为六大农业功能区。

黔中都市现代农业区主要包括贵阳市、贵安新区、安顺市的16个县（市、区），重点发展蔬菜、精品果业、茶、中药材、奶牛和特色渔业等产业，保证优质农产品城市供给；结合黔中城市圈的功能定位和区位优势，大力发展创意农业、休闲观光和健康养生产业，拓展农业多种功能；大力发展总部农业，在科技创新、现代物流、电子商务、文化创意等领域引领全省现代农业发展。

黔北大娄山现代农业区主要包括遵义市14个县（市、区），重点发展生态畜牧、茶、蔬菜、中药材、酒用高粱和特色渔业等产业，培育产业集聚区和农产品加工集群，打造规模化、标准化、商品化程度高，产业链条完整的农产品重点生产基地。丰富"四在农家·美丽乡村"内涵，培育生态农业与红色文化交相辉映休闲农业示范区。深化农业农村改革，建设生产经营方式转变、体制机制改革、科技创新引领、城乡一体化发展的先行区。

黔西北、黔西乌蒙山现代农业区主要包括毕节市和六盘水市的12个县（市、区），重点发展生态畜牧、蔬菜、马铃薯、精品果业、中药材、核桃和特色渔业等产业，发挥高原生态、气候冷凉优势，培育优势特色产业良种繁育基地和高品质生态农产品重要生产基地。进一步发挥农业园区的休闲观光功能，打造以科普教育、设施装备和农事体验为特点的休闲农业示范区。大力发展板块经济，推进特

大数据背景下贵州新兴产业发展研究

色产业精准扶贫、精准脱贫,成为产业扶贫、集团扶贫和社会扶贫的典范。

黔东北武陵山现代农业区主要包括铜仁市的 10 个县(市、区),重点发展生态畜牧业、蔬菜、茶、特色渔业和油茶等产业,依托良好的生态优势,打造优质农产品重要生产基地。以农业园区为平台,大力引进优强企业,消化吸收先进科学技术,推进农业园区化,大幅提升产业水平。强化农产品交易市场体系和农村电子商务平台建设,发挥国家连片扶贫新模式先行先试区的优势和省际交界地带的区位功能,打造武陵山区特色农产品重要的集散中心。依托著名景区,打造以农旅一体化为特点的休闲农业重点发展区。

黔东南、黔南苗岭生态现代农业区主要包括黔东南州和黔南州的 28 个县(市、区),重点发展茶、蔬菜、精品果业、中药材、特色养殖、特色渔业和油茶等产业,充分发挥生态优势,依托南下通道区位特点,打造两高沿线特色优势产业带。按照农文旅结合的思路,将生态农业与美丽山水、民族民间文化相互融合,打造山水田园、风情浓郁、健康养生、文化创意的休闲农业示范区。

黔西南喀斯特现代农业区主要包括黔西南州的 8 个县(市、区),重点发展草食畜牧业、中药材、精品果业、蔬菜、茶、特色杂粮和特色渔业等产业,发挥独特的热作资源条件,充分利用集中治理石漠化的契机,建设冬春喜温蔬菜、夏秋喜凉蔬菜、食用菌、火龙果、薏苡、金银花、石斛等规模化、标准化生产基地,成为滇黔桂喀斯特石漠化防治生态功能区的现代农业发展样板。依托沪昆高速和高铁,打造农产品出口东盟自贸区的集散地,依托独特的喀斯特地貌,打造山地农业与山地旅游相结合的休闲农业先行区。

（二）大力发展特色优势产业

1. 生态养殖业

统筹考虑种养规模和资源环境承载能力，坚持重点区域重点发展，重点产业重点突破，形成规模化生产、集约化经营为主导的产业格局。坚持稳定发展生猪，突出发展肉牛、肉羊等草食畜牧业，加快推进振兴奶业步伐，积极发展家禽和特色养殖业。

——生猪产业。根据贵州生猪产业发展现状，坚持"一稳、一增、两提高"的发展战略，稳定存栏，增加出栏，提高出栏率和能繁母猪繁殖效率。加强生猪良种繁育体系建设和地方特色猪种种质保护及开发利用；加强标准化规模养猪示范创建；加大地方猪种饲料资源开发；完善规模养猪场粪便及病死猪无害化处理及资源化利用工程建设；推进种养结合的生态循环农业模式；扶持家庭农场及适度规模养殖场建设，积极推动生猪产业集群或产业联盟式发展，促进生猪产业的转型升级。

——肉牛产业。坚持"一增、一保、两提高"发展战略，增加基础母牛存栏，确保基础母牛保有量，提高肉牛生产良种化率和出栏率。保护现存的基础母牛群，积极引进青年母牛，确保科学合理的畜禽结构；引进外来品种，加大对地方品种改良力度，努力提高肉牛生产效率；充分发挥贵州山地饲草料资源优势，建设"政府引导、企业带动、家庭牧场建设"为重点的肉牛产业联盟，提升肉牛产业生产水平。

——肉羊产业。充分发挥地方羊品种资源优势，引入波尔山羊、杜伯羊、努比亚羊等进行杂交改良和新品种培育，培育兼备地方特色的肉羊新品种（种群），继续扶持肉羊良种繁殖场。抓好肉羊布氏杆菌病、小反刍兽疫等疫病防治，形成"良种繁育、商品生产、草羊结合、健康发展"的肉羊生产体系。推进羊产品的精深加工，打造地方特色羊肉品牌，争创国家"三品一标"认证。

——肉（蛋）禽产业。充分利用家禽业"投资少、饲料报酬高、资金周转快"的特点，围绕"增大群体、做大规模、创建品牌"做文章。强化祖代场、父母代场和商品代场建设，完善种禽良繁体系，大力实施以优化品种、提高品质、创建品牌为核心的"三品"战略，加大禽肉（蛋）加工业建设，研发肉（蛋）禽生产和加工配套技术体系，创新研发家禽高效生产技术和推广，完善家禽产品加工和品质安全。提高产业组织化水平，推广"政府＋企业＋农户"的三位一体产业集群发展模式，加强龙头企业和家禽养殖园区建设，提高标准化规模养殖水平。优化家禽养殖设备和环境管理，加强疫病信息化和疫情应急处理，全面推进肉（蛋）禽业健康发展。

——特色养殖业。突出优势，彰显特色，重点建设贵州地方猪、牛、羊、禽特色品种资源保护、选育、开发和利用项目，重点建设香猪、三穗鸭、绿壳蛋鸡等特色养殖业；以集群模式发展地方特色畜禽的原生态商品生产，做大特色养殖基地规模，做大特色畜禽产品总量；抓好特色畜禽产品的初加工和精深加工，培育一批特色畜产品加工试点示范企业，延长产业链条。

——奶牛产业。加快实施奶牛三年振兴计划，引进国外优良种牛，建立高产核心奶牛群；加大性控冻精和 MOET 核心群育种等现代先进技术应用，快速扩张奶牛群体数量和提高奶牛的良种化水平；推广应用"布氏杆菌和结核"监测净化、奶牛隐性乳房炎早期监测、中草药制剂治疗繁殖障碍和乳房炎等技术；加大生鲜乳生产、保存、运输等环节的管理，确保原料奶安全；加快企业规模发展，培育名牌产品，提升产业层次，实现贵州省奶业跨越式发展。

2. 特色优势种植业

——蔬菜产业。坚持"低成本、高品质"的发展方向，按夏秋喜凉蔬菜、辣椒、冬春喜温蔬菜、食用菌、名特优蔬菜五个板块及顺序，建成全国辣椒产销中心，全国重要的夏秋蔬菜基地、优质特色食用菌基地和名特优蔬菜基地，调剂周边地区的冬春喜温蔬菜基地。加强田间工程、绿色防控、现代蔬菜栽培设施等配套建设。加大科研、推广力度，集中解决生产和加工的重大关键技术，建立和逐步完善贵州蔬菜生产和加工标准体系。依托规模化基地开展"三品一标"认证，商品蔬菜生产基地全面实现无公害、绿色、有机生产，加强质量安全监管制度建设，保障贵州蔬菜可持续发展，确保质量安全检测合格率达到97%以上，大幅度提升贵州蔬菜"生态、品质、特色"核心竞争力和产业品牌形象。把蔬菜采后处理和加工作为蔬菜产业提升的重要内容，提高蔬菜加工技术和装备水平，重点发展油辣椒制品、发酵辣椒制品、辣椒粉和辣椒风味食品、腌制蔬菜、脱水蔬菜、速冻蔬菜、蔬菜汁等蔬菜食品加工业。依托企业、合作社、家庭农场和规模化生产基地，探索全产业链经营模式和各环节利益分享机制，构建稳定、紧密的产销联合体。在各主产区进一步规划建设一批产地批发市场，推进电商平台建设，线上线下联动，通过质量追溯体系、二维码、物联网以及监控数据，强化网上营销蔬菜产品质量安全监管，推进电商全网覆盖。加强蔬菜企业、合作社、产销联合体与国内外市场的产销联系，在国内外大型蔬菜批发市场设立档位，建立稳定的销售渠道。集成技术、集约项目、集中力量、重点突破，通过点上裂变推动蔬菜产业裂变式发展。

——茶产业。坚持以绿茶为主，兼顾红茶、乌龙茶、黑茶、白茶的发展方向，重点打造黔东北、黔西北、黔东南、黔中、黔西南五条产业带。加强茶树良繁体系建设，特别是古茶树种质资源圃要加快改造提升步伐，优化品种结构，加快无公害绿色有机认证步伐；加快新建茶叶加工企业步伐，推进企业集群集聚，推动新标准的宣传，推进清洁化、标准化和规模化生产，加快推进茶叶初制、精制分工进程，形成"初制标准化、精制规模化、拼配数据化"格局，搞好茶综合利用精深加工；加强中国茶城、太升茶城、贵州茶城和都匀茶博园等产地茶青交易市场和茶叶综合批发市场的建设，新建一批茶叶交易市场，改造提升现有茶城和交易市场；以"三绿一红"为重点，引领品牌打造，促进企业集聚，构建黔茶品牌系列；健全市场运行机制，培育黔茶产销联盟（企业集团），搭建全国化、多元化的营销渠道网络；提高茶叶资源利用率、效益和黔茶市场占有率。依托贵州丰富多彩的茶文化资源，鼓励和支持茶文化创意创作、开展不同层次的茶文化进机关、进校园、进企业、进社区、进军营、进乡村等活动。在茶叶园区、知名景区、交通要道沿线建设一批以茶文化为内涵，集"吃住行、游购娱"于一体的茶叶休闲观光综合体，促进茶旅融合发展。加快发展油茶产业，以黔东南州、黔西南州和铜仁市为重点区域，加快新造油茶林和改造低产油茶林，加快培育龙头企业和市场流通体系，大力发展初加工和精深加工，打造品牌，提高产品附加值。

——马铃薯产业。坚持产业化开发、全产业链发展，强化马铃薯大省地位。突出抓好脱毒良种繁育、专用薯和商品薯生产，在黔西北冷凉地区重点布局脱毒种薯扩繁，建成南方最大的脱毒种薯生产基地。在低热河谷区重点布局早熟菜用薯生产，以菜用薯产销拉动产业发展。推进马铃薯主食化进程，加快发展马铃薯加工，搞好副产品综合开发利用，延长产业链，提高附加值。加强市场体系建设，逐步做到主产县"县县有批发市场、乡乡有交易网点"。实施品牌引领战略，加快推进地理标志产品、原产地保护、知名品牌创建示范区建设。扩大贵州省马铃薯产业和产品宣传推介，提高产品知名度和市场影响力。发挥科技创新在品种选育、配套技术等方面的作用，提高马铃薯规模化、集约化、标准化和机械化水平，积极采取有效措施推进主食产业化，开发马铃薯系列主食产品，提高产品转化率。

——精品果业。优化品种结构和区域布局，推进规模化生产。按重

第九章　贵州山地农业发展

点突破、面上推进的要求，全产业链谋划、梯次发展。在品种改良、品质提升的基础上，加快发展火龙果、百香果、猕猴桃、苹果、刺梨和蓝莓等特色优势水果。依托旅游景区、城市郊区，融合发展樱桃、杨梅、枇杷、葡萄、柿、石榴、桃和李等时令水果。选择产业带和集聚区，建设"三生融合"乡村旅游示范点，打造宣传推介平台。充分发挥家庭农场、专业合作社和企业等新型经营主体的作用，强化政府引导和服务，以现代高效农业示范园区为载体，整合要素，挖掘资源和市场潜力，打造产销联合体，拉伸产业链，壮大产业规模，形成产业集群，实施品牌战略，开拓市场。强化科技、人才支撑，健全省市县乡四级果树技术推广体系，建设完善科技支撑服务平台，开展关键技术攻关与成果转化。加强省力化栽培、高效养分调控、病虫害绿色防控、贮藏保鲜、商品化处理、冷链物流、产品加工等技术的集成创新，形成贵州省精品水果栽培和加工技术体系，大力实施全产业链生产实用技术培训，加快新品种新技术集成试验示范推广，整体提升精品果业科技水平，提高综合生产能力和市场竞争力。连点成线，扩线成面，推动精品果业裂变式发展。

——中药材产业。坚持"加快发展重点品种，稳定发展鼓励品种，突出发展贵州道地药材品种"的方向，重点围绕天麻、太子参、石斛、半夏、何首乌等20个重点发展品种和山药、玄参等30个鼓励发展品种，以毕节市、黔东南州、遵义市和铜仁市为重点区域，打造40个重点发展县（市/区），培育中药材优势产区，示范带动全省中药材产业化发展。建成可以辐射全国的现代中药材产业物流园，重点培育中药材经营企业、专业合作组织，构建中药材电子商务平台，建设配套完善的信息体系、物流体系和质量追溯监控体系。

——核桃产业。以"打造世界优质核桃产业基地"为方向，开展优新品种选育、低产园改造、养分调控、病虫害绿色防控等。选育优新品种，提高产量和效益，同步推进工程中心（研究所）、技术创新联盟、技术专家团队等平台建设，提升贵州省核桃产业总体水平。提高核桃标准化种植水平，在黔西北高海拔冷凉区、黔北高纬度冷凉区、黔中高海拔冷凉区及黔东南高海拔冷凉区核桃种植适宜区扩大种植规模，建设核桃标准化生产基地10个。

——特色杂粮产业。按照"抓有机、创品牌、走高端"发展绿色有机农产品的工作思路，鼓励和扶持一批竞争力强、附加值高、美誉度好的生产加工龙头企业和农民专业合作社，在兴仁、威宁、七星关、仁怀和兴义建薏苡、荞麦、芸豆、优质酒用高粱和芭蕉芋高产示范园。加强兴仁薏苡、仁怀高粱、威宁、六盘水荞麦和兴义芭蕉芋等特色杂粮良种繁育基地的建设，提升良种繁育能力；建成一批标准化生产基地，推广保优、节本、高产栽培技术，实现区域化布局、标准化生产，做好精深加工，延长产业链条，提质增效；培育一批国内外知名品牌和贵州省名牌产品，开展品牌策划、运营管理和宣传推广，加强产品质量安全管理，建立健全质量、技术和环境标准及全程质量安全控制体系，推行生产技术与产品的标准化；推进一批无公害、绿色和有机生产基地认证，全面推进农业标准化，大力发展无公害农产品，加快发展绿色食品，因地制宜发展有机农产品，以有龙头企业和农民专业合作组织带动的示范基地为重点，辐射其他地区，抓好产地交易市场和信息化建设；着力打造薏苡、苦荞、杂粮豆、酿酒高粱等产业大省。

（三）着力提高农产品质量安全水平

加强省、地、县、乡（镇）四级农产品质量安全、农产品产地环境监管队伍和装备建设，尽快形成产前、产中、产后全程依法监管体系。认真落实农产品质量安全"四个最严"的要求，加强农产品质量安全监管与追溯，坚持严格执法和推进标准化生产两手抓，"产出来"和"管出来"两手硬，全面提升农产品质量安全治理能力和水平。建设农业产

第九章 贵州山地农业发展

业运行监测信息体系，建立农产品质量安全风险预警和评估机制，增强质量安全应急处置能力。支持围绕全省重点推进的产业，制（修）定符合山地农业生产特点的生产技术规程和产品质量标准，大规模开展标准化生产示范创建活动，积极推广安全、高效、实用的病虫害防治措施和绿色生产技术，严格控肥、控药、控添加剂，切实提升农产品质量安全水平。把"三品一标"认证作为提升农产品质量水平和品牌打造的重要手段，着力打造"放心贵州""品质贵州""营养贵州"的健康农产品形象，建设无公害绿色有机农产品大省。

第十章

新能源产业

一、现状

(一) 新能源资源禀赋优势明显

水能资源方面,预计到 2020 年年底,全省水电全社会装机将达 2200.5 万千瓦,其中小水电装机 334.5 万千瓦;煤层气资源目前探明约为 3.15 万亿立方米,仅次于山西省,列全国第二;页岩气资源,贵州省预测地质储量达 13.54 万亿立方米,列全国第三;风能资源,预计全省风能资源可开发规模 1000 万~1200 万千瓦;太阳能资源相对贫乏,预计集中可开发规模 20 万千瓦左右;全省城市生活垃圾发电预计装机规模为 30 万千瓦左右;其他可再生能源方面,生物质资源可以支撑贵

第十章 新能源产业

州省发电装机100万千瓦左右以及生物质气化合成油150万吨/年；全省预测铀资源量可达10万吨以上。目前，中广核集团正在我省进行核电站踏勘选址，积极推进核电项目前期工作。

（二）新能源产业取得跨越式发展

虽然贵州省新能源产业起步较晚，但经过近年来发展，产业发展从无到有，从小到大，生物质能、风能、核能、太阳能、煤层气（煤矿瓦斯）等产业已取得可喜进展，实现了跨越式发展。2015年，全省新能源产业装机达到367.5万千瓦，发电量达到48亿千瓦·时，同比增长61%。分散式接入风电、地面光伏电站、城市生活垃圾焚烧发电、农林生物质发电厂、大型地源热泵等项目建成投产。新能源产业在某些技术方面取得重大突破，拥有一批国内领先水平的重大技术装备和产品，国内首家研制成功反应堆压力容器主螺旋套件、百万千瓦级核电站核一级安全端等产品，智能变压器、动态无功补偿装置、绝缘栅晶体管等智能电网装备技术水平国内领先。省内煤层气、页岩气勘查取得突破。能源装备自主研发、制造能力显著提升。成立了贵州煤矿瓦斯防治工程研究中心、贵州省煤层气页岩气工程技术研究中心、智能电网产业技术创新战略联盟等多家技术创新平台。初步形成输变电设备、采煤机和综掘机、直驱永磁风力风电机组配套的研发和生产能力。

（三）产业发展势头强劲

产业分布区域较广，覆盖了贵阳市、六盘水市、毕节市、安顺市、黔西南州、黔南州和黔东南州等7个市州；产品种类较多，全省新能源产品有煤层气、垃圾焚烧发电、生物质能发电、风能发电和太阳能发电等。企业主体不断壮大，全省共有规模以上新能源企业41家，比2015年同期新增18家，占全省规模以上企业总数的比重为4.3%。产品生产有效开展，2016年前三季度，全省19家规模以上煤层气生产企业生产2.6煤层气亿立方米，占全国的比重为4.7%；全省18家规模以上风力发电企业发电33.2亿千瓦·时，占全国的比重为2.2%；今年新入库规模以上太阳能发电企业1家，实现了零的突破，发电0.6亿千瓦·时，占全国的比重为0.2%；全省2家规模以上垃圾发电企业、1家生物质发电企业发电0.7千瓦·时和2.3亿千瓦·时，分别比上年同期增长152.4%和65%。

二、存在问题

（一）产业规模不大

尽管近年来，贵州新能源产业发展较快，但整体来看，丰富的资源禀赋优势还没有转化为经济优势，煤层气、页岩气等资源储量居全国前列，而产业规模却仅占全国极小比例，产业规模小是当前贵州新能源产业的一个根本性问题。

（二）创新基础薄弱，创新能力不足

总体来看，贵州新能源产业技术水平总体偏低，能源行业科研院所和科技人员偏少，企业技术创新投入不足，科技创新基础薄弱。新能源开发技术创新能力不足，虽然全省的煤层气、页岩气等资源丰富，但尚未形成适用于全省复杂地质条件的煤层气和页岩油气勘探、开采与利用技术体系，能源产业技术水平总体偏低。

三、思路

认真贯彻落实"创新、协调、绿色、开放、共享"五大发展理念，

第十章 新能源产业

遵循能源发展"四个革命、一个合作"的战略思想，以转变能源发展方式和提高能源发展质量为中心，以推进能源供给侧结构性改革为主线，实施能源消费强度和消费总量双控制，着力推进能源体制机制创新和科技创新，调整优化能源结构，有效落实节能优先方针，构建安全、稳定、经济、清洁的现代新能源产业体系，新能源的技术、产品、平台、市场、商业模式等立体产业体系基本形成，健康有序发展风电，积极发展光伏发电，优化发展水电，优先开发利用可再生能源资源，着力推进煤层气、页岩气勘探和开发利用，积极推进核电前期工作，在"十三五"期间，把贵州建设成特色鲜明、产业配套、布局合理、资源节约、体制创新的综合性、绿色、生态、高效的国家能源基地，为贵州守底线、走新路、奔小康提供安全可靠的能源保障。

四、重点

加快开发和利用风能、太阳能、生物质能等新能源，促进能源结构升级，加强资源环境保护。加快风能太阳能开发基地、生物质能开发基地等新能源基地的建设发展。

（一）风能产业

加大风能资源相对丰富地区风电项目开发建设力度，以中广核、华能、国电龙源、中国电建、大唐、粤电、华润、中华电力等实力较强的大型风电开发企业为主体，重点在风能资源相对丰富的乌蒙山、苗岭、武陵山、大娄山一带建设风电工程项目，并因地制宜，在全省建设和并网条件较好的地区，建设一批分散式风电项目，形成集中式和分散式两翼齐飞的风电开发局面。以中复连众（贵州）复合材料有限公司、贵州中航惠腾风电设备有限公司为实施主体，加快风电技术装备和产业体系建设，依托现有风电装备制造业，做强现有主机生产及叶片、塔筒等关键零部件产业，保持智能变压器、无功补偿装置等电力设备业发展势头，形成能满足全省风能建设的生产能力，并辐射周边省份风电零部件市场。健康有序发展风电，加强风能资源普查及评价，加快适用于贵州高原山区风电机组的研发。培育一批百万千瓦级风电企业，积极推广低风速风机和智能风机，加大风能资源的开发利用力度，处理好风电开发与生态环境保护的关系，完善风电项目管理办法，加快已建风电项目生态环境恢复治理步伐。

（二）太阳能产业

立足贵州实际，充分利用好太阳能和土地资源情况，以国家光伏扶贫政策为契机，以"5个100工程"为载体，重点依托国电投、协鑫集团、乌开司、江苏中弘等实力较强的光伏发电开发企业，加快农光一体化、风光互补项目建设，在贵州省资源较好的地方建设地面集中式光伏电站、农业光伏电站、林光互补光伏电站等，在有条件的工业园区、城市综合体、大型楼宇建设分布式光伏发电项目。依托光伏组件的生产，重点研发低日照光伏发电设备，提高转化率和发电小时数。

（三）生物能产业

充分认识到贵州省农林生物能资源丰富的优势，积极探索生物质能开发利用模式，加快生物质发电、生物质燃气、生物质成型燃料及液体燃料产业体系建设，推动各类生物质能协同发展。依托重点骨干企业，在农林产区，以农作物秸秆、粮食加工剩余物和蔗渣等为燃料，结合林业生态建设，利用采伐剩余物、造材剩余物、加工剩余物和抚育间伐资源及速生林资源，有序发展农林生物质直燃发电；推动发展城市垃圾焚烧和填埋气发电；利用各类农林剩余物资源，加快生物质气化油技术进步，开展生物质热化学制备液体燃料，实现低成本规模化生物质资源梯级综合利用，逐步在黔西南、黔南、黔东南、贵阳、铜仁、遵义形成农林生物质能源产业发展区，建设成为我国重要的农林生物质能源产业基地。重点推进以小油桐、芭蕉芋等生物能源制备生物柴油、燃料乙醇，进一步推动秸秆气化的焦油处理和燃气净化。

（四）水电产业

在注重生态环境保护的前提下，优化发展中小型水电站，对有条件的水电站实施扩能改造升级，重点建设威宁县象鼻岭水电站（24万千瓦）、道真县角木塘水电站（7万千瓦）、道真县官庄水电站（5万千瓦）、冗各电站（9万千瓦）、上尖坡电站（6万千瓦、务川县高生电站（10万千瓦）、小井电站（9万千瓦）等。优化水电调度运行，提高水电利用率。在乌江、红水河流域规划布局抽水蓄能电站，加快开展修文县石厂坝抽水蓄能电站（100万千瓦）、福泉坪上抽水蓄能电站（100万千瓦）前期工作。

积极推进核电前期工作。按照国家内陆核电政策，加快推进中广核集团在贵州进行核电站踏勘选址，以核电专项规划、项目建议书申报、规划厂址保护为重点，积极推进核电项目前期工作。

（五）页岩气、煤层气产业

加快省内页岩气、煤层气的勘查开发和利用，探索利用提纯、液化、压缩等新技术，生产LNG（液化天然气）和CNG（压缩天然气）。重点建设习水、正安、岑巩页岩气勘查开发示范项目，打造黔北和黔东北两大页岩气开发基地；重点建设盘江矿区松河煤层气、织纳矿区及黔北矿区枫香煤层气勘查开发示范项目，打造盘江矿区、黔北长岗—鸭溪区及织纳矿区三大煤层气开发基地，建设盘江、水城两个5亿立方米级、织金、纳雍、金沙三个 2 亿立方米级，六枝、大方、黔西、播州、桐梓五个 1 亿立方米级煤层气（煤矿瓦斯）抽采规模化矿区。力争将贵州的煤层气、页岩气勘探开发列入国家新能源开发重点项目，在项目的前期研究、项目审批备案等方面加大支持力度。

（六）新能源装备

以风电整机生产为核心，加快整机成套装备产业基地建设，扩大大中型风电锻件、风电叶片等优势产品生产规模，大力引进风电轴承、整机控制、偏航系统等生产技术和大型企业落地。

重点研究开发适合贵州高原山区特点的风力发电机组，特别是抗凝冻风机叶片和太阳能发电组件。重点开展太阳能发电材料及组件产业化，大力推进高可靠太阳能电池、低日照太阳能装备、太阳能级多晶硅与太阳能光伏玻璃镀膜设备生产线等研发与产业化。重点推进压裂泵车等页岩气开采成套装备研发与产业化。开展微小型燃气轮机研发与产业化。生物质能源。发展垃圾、沼气等农林废弃物为燃料的发电装备和系统。发展核电配套组件。支持第三代核电站用核级锻件产业化研发。

第十一章

建筑建材产业

"十二五"是全省建筑建材产业跨越发展期,"十三五"将是全省建筑建材业深化提质发展期。

一、现状

(一)规模不断扩大,支柱贡献作用明显

"十二五"期间,在工业强省、城镇化带动战略的实施和"5个100工程"建设的大力推动下,贵州省建材工业快速发展,建材工业总产值由2010年的193亿元增加到2015年的1256亿元,增长550.7%。其中,2015年,新型建筑业总产值完成290亿元,约占建筑业总产值15%,新型建筑业增加值完成125亿元,约占建筑业增加值15%;新型建材业总

产值完成 251 亿元，约占建材业总产值 20%，新型建材业增加值完成 57 亿元，约占建材业增加值 20%。完成规模以上工业总产值 1256.27 亿元，实现工业增加值 284.2 亿元，同比增长 14.6%；全省规模以上建材企业主营业务收入明显增长，实现主营业务收入 945.06 亿元，同比增长 17.94%。全省建筑建材工业占全省工业总产值 11.4%，贡献率为 9.2%。

（二）产业结构调整取得进展

产业结构从传统建筑建材业逐步向新型建筑建材业转型升级，建筑制品、部品生产方式向工厂化生产过渡，混凝土预制装配式钢结构整体住宅、磷石膏大板装配式钢结构整体住宅和工业厂房、木结构房屋建筑等新型建筑体系不断涌现，整体卫浴、PC 构件、铝合金和木塑新型模板等新型部品部件的应用比例明显加大。建材产业五年来累计淘汰水泥落后产能 2004.4 万吨，前五家水泥企业产能占总产能的 65%，新型墙材应用比例达到 75%，建筑陶瓷初具规模，浮法玻璃从无到有，建筑建材产业结构调整取得较大进步。

（三）传统产业稳步转型发展

水泥、墙体材料、预拌混凝土行业是贵州主要的传统建筑建材行业。近年来，随着需求升级以及绿色发展逐渐深入，全省传统建筑建材产业稳步转型发展。2015 年，全省有新型干法水泥生产线 85 条，水泥产能 10806 万吨，完成水泥产量 9909.52 万吨，同比增长 5.4%。规模以上墙材企业约 200 家，其中新型墙材占比约 90%；获得新型墙材认定证书企业约 448 家，其中加气混凝土企业有 113 家；全年全省墙体材料产量 121.34 亿块标砖，同比增长 28.4%。截至 2015 年年底，全省合法备案混凝土企业搅拌站共计 352 家，有生产线共计 696 条，设备储备总量（泵车、车载泵、搅拌车等）6195 台，混凝土行业从业人员约 11 万人。2015 年，全省预拌混凝土产量 6970.88 万方、同比增长 24.5%，共利用工业固体废弃物 562.88 万吨。其中遵义、六盘水、毕节产量有所增长，贵阳、黔东南、黔西南、安顺地区产量有下降趋势。预拌混凝土行业完成产值 159.39 亿元，实现利润 14.01 亿元。

（四）科技支撑能力显著增强

全省承担建设类科研项目和课题 112 项，建设科技研发投入经费累计超过 3 亿元，企业科研投入不断加大，获省部级奖项 48 项，其中，科技进步奖 43 项，全省累计获得国家级工法 42 项、省级工法 162 项，科研成果丰硕；全省特级建筑企业已全部实现信息化管理，一级建筑企业全部开展信息化管理，部分甲级勘察设计企业开始实践基于 BIM 的协调设计和总承包管理。建筑市场、城市管理、数字规划、建筑节能等信息化管理系统基本建成，建筑信息化水平不断提高；水泥企业普遍采用低能耗窑炉系统、DCS 控制技术等先进装备和自控系统，企业技术装备水平明显提升。

（五）创新平台建设粗具规模

成立了贵州省绿色建筑与科技发展中心等 5 个工程研发中心，建立了"贵州省新型建筑建材综合技术服务平台"，贵州安顺兴贵恒远公司成为贵州省首个国家住宅产业化示范基地，创建了"西南地区国家绿色建筑推广示范基地贵州分基地"，为新型建筑建材发展提供技术支持；初步形成石材、玻璃、木材、磷石膏综合利用等新型建材产业基地，产业集聚助推行业进步。

二、存在主要问题

（一）转变发展方式步伐缓慢

尽管近年来，全省着力推进传统产业转型升级，但由于传统生产方式导致的落后产能存量大、包袱重，落后的发展理论根深蒂固，推动产业转型升级没有取得突破性进展。资源、能源大量浪费较为严重，环境压力不断加大。企业缺乏在新常态下推动经济发展方式转变的深刻认识，仍沿袭粗放式发展方式，没有真正从自身管理、技术、人才、服务等方面进行挖掘创新，没有充分利用以大数据、物联网等现代信息技术推进产业转型升级，转变发展方式较为缓慢。

（二）产品同质化严重导致效益下降

由于多是低水平重复建设，全省建筑建材产业同质化现象严重，水泥、预拌混凝土、墙材等建材产品占贵州省建材产业总产值63%，同类产品争相压价，导致价格大幅下滑。据统计，32.5级水泥销售价格跌破每吨180元，42.5普硅水泥跌至每吨200~230元，C30混凝土价格每立方米仅280元左右，加气混凝土每立方米均价跌破200元，建材行业效益大幅度下滑。

（三）创新能力不足

建筑建材产业是贵州的传统优势产业，由于创新能力不强，导致产业竞争力不强，效益不高。一方面，建筑建材产业是传统的高能耗、高污染行业。在生态环境压力加大的背景下，理应通过节能、降耗技术创新，推动全省建筑建材产品生产集约化、绿色化，实现产品从传统的高能耗产品向绿色节能产品转变,从源头上减少生态环境压力,但由于建筑建材产业的科技研发投入不足,创新能力不强,行业尚未实现转型升级发展,低水平的重复建设较多,产能过剩严重,有效供给水平亟须提升;另一方面,由于在推广应用方式上缺乏创新,节能绿色建筑建材产品的使用未真正普及,没有从消费端实现节能减排。此外,由于缺乏营销方式的创新,部分较为优质的产品可谓"养在深闺人未识",例如,石材、新型建材等不少产品质量指标已达到国内先进水平,但市场竞争力与产品品质水平不匹配,尚未形成效益优势。

三、发展思路

全面贯彻创新、协调、绿色、开放、共享的发展理念,以"发展和生态"为底线,按照"五位一体"总体布局和"四个全面"战略布局,坚守发展和生态两条底线,坚持特色发展,集聚发展,绿色发展,有序发展等原则,主动适应经济发展新常态,依托石材资源优势,以绿色、节能、环保为引领,以市场为导向,着力优化布局、调整结构、推动技术创新和技术改造,加快建筑建材行业供给侧结构性改革,大力推进传统建筑建材行业转型升级,推进新兴建筑建材行业向精深加工发展,着力打造完整产业链条,推动规模经营,强化品牌建设,增强产品综合竞争能力,进一步改善企业发展环境,引领建筑业与建材业融合发展,努力构建贵州特色建筑建材产业体系,把建筑建材产业培育成全省重要的支柱产业。

四、发展重点

(一)优化产业布局

按照"布局合理、特色鲜明、集约高效、生态环保"的原则,综合考虑资源禀赋、区位交通、环境容量、市场空间等因素，优化新型建筑建材生产力布局，培育一批具有差异化特色的新型建材产业基地，推进各区域建筑建材产业差异化、特色化发展。黔中经济区以贵阳市、贵安新区、龙里县等为重点建设新型建材产业核心区，重点发展装配式钢结构、混凝土预制构件、集成装配式内外墙体部件、优质建筑装饰石材、城市管廊、高性能混凝土、建筑陶瓷、铝建材、塑料化学建材、建材商贸物流等产业，培育一批新型建材产业基地。黔北经济协作区以遵义市为重点，培育石材、塑料化学建材、节能门窗、竹木加工制品、生物质建材、耐火材料、高性能混凝土、预制构件等一批特色建材集聚区。毕水兴经济带以毕节、六盘水、黔西南州为依托，加强建材与区域内煤电、矿业等关联产业的链接耦合，重点发展综合利用大宗固废的墙材、建筑部品，依托优势非金属矿资源，发展节能安全玻璃，精品建筑陶瓷以及新型无机保温材料、玄武岩新材料、功能陶瓷、新型耐火材料等无机新材料。黔东工业聚集区依托铜仁市现有基础，重点培育各自优势产业，形成以玻璃加工、节能门窗、装饰石材、建筑陶瓷、木材家具、铁路物流为特色的新型装饰建材产业带。

（二）加快推进建筑建材业融合发展

遵循绿色、节能、环保的理念，以市场为导向，以融合为主线，加快推进建筑业与建材业、建筑工业化、建筑信息化融合发展，做强贵州新型建筑建材业。

加快推进新型建筑业与新型建材业融合发展，支持新型建筑业企业和新型建材业企业合并、兼并、重组发展，向上下游产业延伸；鼓励和引导在示范城镇、旅游开发和市政工程、公共基础设施等建设时优先使用省内新型建材产品，形成新型建筑业和新型建材业融合发展新格局。大力推进新型建筑业与建筑工业化融合发展。以构件预制化生产、装配式施工为生产模式，以设计标准化、构件工厂化、施工机械化、结构装修一体化、管理信息化为特征，整合设计、生产、施工、运营、维护等整个产业链，实现建筑产品节能、环保、全生命期价值最大化的可持续发展的新型建筑生产方式。着力推进新型建筑业与建筑信息化融合发展。立足贵州省作为首个国家级大数据产业集聚示范区的优势，发展"新型建筑业+互联网"的新模式。加快关键信息化标准编制，促进行业信息共享；推进建筑信息模型（BIM）等信息技术在工程设计、施工、监理和运行维护全过程的应用。建筑行业甲级勘察、设计单位以及特级、一级房屋建筑工程施工企业应掌握并实现BIM与企业管理系统和其他信息技术的一体化集成应用。新立项项目勘察设计、施工、运营维护中，集成应用BIM的项目比率逐步提高。

（三）推进建筑建材产业绿色发展

——推进建材产业绿色发展。加快推进建材企业改造升级，支持企业开展清洁能源开发替代、清洁生产和资源综合利用、新材料开发、产品深加工等转型升级改造，重点对石材、非金属矿、混凝土、墙体材料行业实施清洁生产、绿色矿山、资源综合利用等技术改造。依托大数据平台开展企业信息化改造，推进智能化生产和建设厂区物联网建设，充分利用大数据、云计算、物联网和智能制造等技术，在预拌混凝土、预制构件、新型墙材、石材、家居装饰建材等重点行业开展关键工艺及生产流程优化，提升产品质量，降低能源资源消耗。依托国家新型墙体材料质量监督检验中心等一批国家级检测中心，推行产品在线检测、信息编码、全程追溯等全生命周期质量管理。形成以信息化为支撑的生产过程关键参数的精细化、可视化管理系统，提高质量效益。围绕建材产业链发展循环经济，依托各类产业园区和产业集聚区，加强与电力、煤炭、钢铁、有色金属、磷煤化工、农林等关联领域的协同合作，进一步扩大粉煤灰、煤矸石、脱硫石膏等大宗固废在新型建材生产中的综合利用量；加快推进磷石膏、锰矿渣、赤泥等难利用工业固废综合利用产业化，推广石材加工废石、石粉、建筑废弃物（建筑垃圾）一体化回收处置和再利用生产新型建材技术，支持利用农作物秸秆、竹纤维、木屑等开发生物质纤维增强的木塑、秸秆保温板、轻质隔墙板等的生物质建材。推进建材相关领域绿色生产消费。积极推行生态设计，优化清洁生产工艺流程，建设绿色工厂和绿色园区，实现厂房集约化、产业集聚化、生产洁净化、废弃物资源化、能源低碳化；大力倡导绿色消费，制定绿色建材推广应用目录，开展绿色建材评价标识管理，建立以绿色消费为导向的建材采购、生产、营销、回收及物流体系，提升新型建材产品全生命周期节能环保低碳水平。

——推进建筑业绿色节能发展。提高建筑节能标准，推进既有建筑节能改造。探索新型建筑节能模式，充分发挥贵州的气候优势，在充分调研论证的基础上，分地区、分阶段逐步提高省内各市州的建筑节能标准；省内部分地区建筑节能标准率先达到65%。制定推进既有建筑的节能改造实施意见，建立既有建筑节能改造长效工作机制，编制既有建筑节能的工作方案，将旧城功能优化提升改造与节能改造有机结合，同步推进城市公共建筑节能改造与民用居住建筑节能改造。加速推动建筑垃圾处理工作。通过建筑工业化提高建筑及装修的耐用性、使用绿色可回收部品、推广绿色建材等手段，减少建造过程中建筑废料和建筑垃圾的产生；鼓励新型建材中使用建筑垃圾作为原料，探索拆房—垃圾处置—再利用一体化的建筑垃圾处置利用新模式，在保障使用安全的前提下，达到建筑垃圾减量的目的。深入推进绿色建筑技术的应用。深入贯彻《贵州省绿色建筑行动实施方案》，全面推行建筑施工的清洁生产技术和精细生产方式，对建筑施工中消耗高、污染重、技术落后的工艺、材料、产品，实施强制性淘汰制度，做到绿色施工和文明施工的要求；制定并及时更新新型建材产品应用指导目录，通过设计引领，系统集成设计，重点推广部品化构件的使用；加强可再生能源建筑应用推广，提高绿色建筑比例；通过绿色建筑示范项目的带动作用，从"节能、节地、节水、节材、环保"五个方面，大力推广先进适用的绿色建筑技术。

（四）着力推进建材业结构调整

以产业结构、产品结构、组织结构为重点，推进建材业结构调整，推进建材行业产业结构的优化。加快推进产业结构优化，分业分类施策，优化存量产能、淘汰落后产能。严格禁止新建扩大产能的水泥熟料建设项目，限制局部产能过剩的地区扩大混凝土、墙材等产能；对使用国家淘汰类工艺技术与装备，生产、销售不符合国家强制性标准产品的，污染物排放不达标的企业依法限期整改，未整改或整改仍不达标的，依法关停淘汰。积极推进组织结构优化。支持省内规模效益明显的优势企业联合重组，整合产权或经营权，优化产能布局和生产要素配置，培育技术创新能力和品牌影响力强的行业领军企业，提高产业集中度；支持区域骨干企业通过资源整合，完善研发设计、工程服务等产业链条，壮大企业规模；支持优势骨干企业与中小企业分工合作，推进贵州省建材工业从价值链中低端向中高端转变。着力推进产品结构优化。积极拓展建材产品应用新领域，大力发展满足绿色建筑和战略性新兴产业需要的高性能新型建材、建材深加工产品和无机非金属新材料，增强建材供给结构对市场需求的适应性和灵活性，实现建材产品结构由单一低质低效向多样高质高效转变。

（五）加快发展重点新型建筑建材产业

按照"结构调优、提质增效、创新驱动、绿色发展"的思路，积极推动建材建筑业融合发展，着力改造提升传统产业，大力发展绿色建材及石材等优势产业,培育壮大市场主体,加快推进新型建材产业示范基地和集聚区建设,把新型建材产业培育成为重要支柱产业。加快建立集研发设计、生产、商贸物流为一体的装配式建筑生产基地及建筑部品工业化生产园区。

——高标号水泥及水泥基制品。重点生产与推广42.5及以上水泥高强度等级水泥、低碱水泥以及满足特定工程需要的抗硫酸盐水泥、铝酸盐水泥、硫铝酸盐水泥、钙镁铝酸盐水泥等特种水泥产品;C35及以上高性能混凝土、透水混凝土、高性能环保外加剂、预拌砂浆;积极推广叠合楼板、楼梯、塔吊基础等成熟的预制装配式混凝土建筑构件以及带管座混凝土管、非开挖顶进施工法混凝土管、预制管廊、箱型护岸、锚索抗滑桩等基础设施和生态建设预制工程构件,水泥复合多功能保温墙体、保温防水屋面集成等建筑终端产品。

——新型墙体材料。以建筑节能、绿色建筑为导向,推动传统墙体材料产品向安全、节能环保、轻质高强、自保温、部品化等方向发展。重点发展轻质高强加气混凝土砌块、条板,高孔洞率、高强、自保温烧结类空心砌块(砖)、保温装饰一体化装配式墙板等适用建筑节能和建筑工业化的新型墙材,并利用粉煤灰、城市建筑垃圾和磷石膏等固体废弃物生产的复合保温砌块、轻质隔墙板、纸面石膏板、磷石膏砌块等节能利废型新型墙材。

——建筑装饰及功能建材。重点发展高品质耐老化的塑料管材、型材和地板,PVC-U、PE、交联聚乙烯(PEX)、超高分子量聚乙烯管(UHMWPE)、耐热聚乙烯管(PE-RT)、改性聚氯乙烯管(PVC-M)、氯化聚氯乙烯管(PVC-C)、ABS等高性能管材,鼓励发展断桥铝合金型材、覆膜铝塑复合板、彩色氟碳铝塑复合板、防火铝塑复合板、铝合金模板以及适应建筑节能需要的模数化、标准化生产的节能门窗。大力推广应用轻质阻燃保温材料、隔音材料、防霉抗菌涂料、高分子防水材料、密封材料和热反射膜等环保型装饰装修材料。积极推广整体厨房卫浴、集成墙面、环保家具等建筑一体化装修集成部品。

——建筑装饰石材及石雕制品。发挥贵州省石灰质灰岩、大理岩、辉绿岩、紫袍玉等天然石材资源优势，着力推动石材产品特色化、高端化，引导发展中高档建筑装饰石材、石雕制品，鼓励综合利用废石、石粉生产人造石材、拼接马赛克、环保地板等装饰建材。深度挖掘石材文化内涵，运用现代雕刻技术和加工工艺，推动安顺、铜仁、黔西南、黔南、黔东南等产业基地，镇宁、思南、安龙、平塘、罗甸、龙里、余庆、锦屏、从江等石材园区着力发展优质石材、石雕制品。

鼓励开发石材新品种，支持开发人造石、薄板、复合加工板、异型材、线材、园林装饰、拼花板、石刻、石艺家具等产品，提升产品科技含量、工艺品位、文化内涵和附加值。利用贵州大数据产业快速发展机遇，创新石材产品营销手段，培育贵州木纹、米黄、雅典黑、海贝花、多彩玉、辉绿岩等"贵州石材"品牌。

——玻璃深加工制品。重点发展优质浮法玻璃、中空玻璃、高强基板玻璃、贴膜玻璃、低辐射镀膜玻璃、双钢夹层玻璃、汽车玻璃、建筑用防火玻璃板材等节能安全玻璃深加工制品，开发推广彩釉玻璃、热熔浮雕玻璃、磨砂玻璃、彩晶玻璃等家居装饰玻璃制品，农业种植和观光大棚结构功能一体化玻璃板材及制品，还有光伏建筑一体化玻璃墙体和屋面、飞机与高速列车风挡玻璃、纳米级微晶基板玻璃等高性能玻璃深加工产品。

——建筑陶瓷。积极运用现代高新技术，提升陶瓷砖产品质量、花色和档次，培育陶瓷知名品牌。重点发展大型化、薄型化的陶瓷砖，开发推广耐磨、耐污、防滑、保温等功能型特色精品建筑陶瓷产品。推进利用废渣生产轻质保温陶瓷砖、保温隔热与装饰复合型集成式多功能产品。积极推进陶瓷产业集聚发展，在具有比较优势、规模优势的区域打造建筑陶瓷产业集聚区。

——竹木建材制品。竹木建材具有绿色、环保、节能的特点，是贵州山地特色的新兴绿色建材。充分贵州黔东南、黔东北区域竹、木资源丰富的优势，顺应绿色环保需求，积极发展竹木建材制品。重点发展竹木集成材、竹木纤维板、纤维增强竹塑、木塑复合材料、装配式竹木房屋和结构部品等新型生物质建材产品；生产与推广低甲醛环保型单板层积材（LVL）、平行木片胶合木（PSL）、定向刨花板（OSB）、碳化木等木材加工制品和木结构房屋部品件；加快发展竹板材、竹地板、竹装饰板、竹家居用品、竹炭等竹加工制品和竹结构房屋部品件，竹炭纤维新材料、人造金丝楠阴沉木集成材等高端竹加工产品；加强竹木"三剩物"综合利用，利用竹木加工边角废料生产纤维板、纤维增强竹塑、木塑复合材料等生物质建材产品。因地制宜、因材施用，在遵义、黔东南、铜仁等资源富集区，加快打造竹木制品产业基地建设，推进竹木建材生产集聚发展。

——无机非金属建筑材料。积极利用尾矿废石、建筑垃圾等固废替代自然资源，发展机制砂石、混凝土掺和料；鼓励发展标准化加工的玻璃原料、耐火材料原料、陶瓷原料等基础原料；积极发展高性能不定型耐火材料、环境友好型碱性耐火材料、陶瓷脱硝催化剂、高纯氧化铝、无机耐磨材料、活性氧化钙、超细改性碳酸钙、高性能碳素电极、优质岩棉、玄武岩连续纤维及制品等无机非金属新材料。

——建筑涂料。重点生产与推广低 VOC 环保型的水性涂料、内墙乳胶漆、粉末涂料和高固体分涂料，高耐候、耐玷污和高保色性和低毒性，纯丙类、水性聚氨酯类等水乳型外墙涂料，交联型丙烯酸系列高弹性乳胶漆，水性氟涂料及有机硅丙烯酸树脂等高性能外墙涂料外墙涂料以及隔热反射涂料、防火涂料、隔热防晒涂料、陶瓷绝热涂料等新型保温隔热涂料。

第十一章　建筑建材产业

——保温材料。发展高性能建筑保温岩棉、发泡微晶陶瓷、泡沫玻璃、硅酸铝纤维、相变保温砂浆、玻化微珠外墙外保温板、真空绝热板、氧化镁气凝土、玻璃棉卷毡、玻纤增强无机复合保温板、可溶性纤维棉等无机绝热节能材料以及石墨聚苯板、聚氨酯保温板、改性EPS、酚醛泡沫板等聚酯纤维保温制品、真金板等防火性能好、使用安全的有机绝热材料和复合材料。重点生产推广钢丝网架岩棉板、结构与保温装饰一体化外墙板、保温防水一体化柔性屋面、防火阻燃复合保温装饰材料以及适用贵州建筑气候特征的预制PC、钢结构、木结构以及建筑幕墙、超低能耗房屋急需的保温防火多功能预制部品部件。

——防水材料。重点生产与推广APP改性沥青防水卷材、三元乙丙防水卷材及聚氯乙烯高分子防水卷材，聚合物水泥基防水涂料、聚氨酯、丙烯酸防水涂料和防水与装饰沥青瓦，自黏型防水卷材、热塑性防水卷材、防水保温一体化材料、绿色屋面用抗穿刺防水材料和蓄排水材料以及城铁、地下管廊建设所需专用防水卷材、现浇高性能聚氨酯涂料、聚脲等防水新材料。

——着力发展建筑建材关联服务业。加快新型建材制造与新型建筑业的协同发展，推动商业模式创新和业态创新，大力发展与绿色建筑、装配式建筑发展和住宅产业化紧密相关的建材生产性服务业，推动各类服务平台建设。鼓励预拌混凝土、预制构件、建筑石材、新型墙材、防水材料、保温材料、装饰建材等重点领域延伸服务链条，为客户提供从产品订购、生产到配套、安装和后期维护等一站式服务；支持优势骨干企业采取战略加盟、品牌授权、技术许可等形式的商业模式创新，开展新技术推广、企业管理、品牌运营等服务；加快贵州省建材云平台建设，以预拌混凝土等领域为突破口，搭建大宗原材料集中采购、物流配送平台，逐步建成涵盖新型建材主要门类的专业化电子商务平台和建材物联网；积极争取贵阳、安顺、黔西南、铜仁等地打造覆盖全省、辐射周边的新型建材物流集散基地；重点围绕新型建材业设计开发、生产制造、售后服务等环节，积极培育发展第三方检测机构和认证技术服务；培育和支持水泥、建筑玻璃、石材产品等一批国家级和省级新型建材业检验检测中心建设；加快形成满足贵州省产业发展需求、服务西部乃至全国的检验检测服务体系；鼓励和引导行业龙头企业内部检验检测机构开展社会化服务，提升检验检测服务市场化水平；积极培育勘探设计、工程咨询服务业，开展战略规划、园区规划、企业管理、营销策划、市场调查、投资评估、信用评估、测试评估、信息安全等咨询服务。

（六）推进建设新型建材云平台工程

贵州省多数建筑建材企业只注重扩大产能投入抢占市场份额，不注重商业模式、品牌培育等方面的研究和投入，产品服务、渠道建设、市场融资、营销策略等商业模式简单，资源整合能力弱，尚未发挥全省建筑建材资源的优势，要依托贵州大数据云平台建设，实施"新型建材＋互联网"产业升级行动，打造贵州新型建材云平台，有效整合全省建筑建材资源。省经信委会同省发改委、住建厅、商务厅、交通厅协调指导，省建材相关行业协会、骨干企业、设计院所及咨询服务机构、金融投资机构等牵头组织实施，省内其他建材企业参与，按市场化方式运作。以预拌混凝土、石材等领域为先行突破，其他领域逐步跟进的实施步骤，建设贵州省新型建材工业云平台。加强与我省建筑市场监管与诚信一体化工作平台（四库一平台）等政府相关部门信息平台以及电商、物流等专业平台有效对接，实现供需信息与生产、采购、物流信息互通共享。利用大数据资源，大力推进全省建材产品交易平台建设，依托"贵州石材云""贵州石材网"，加强与国内外知名电商平台开展战略合作，搭建我省石材为重点的建材产品销售 B2B（企业对企业）、B2C（企业对消费者）、O2O（线上到线下）电子商务和创意展示平台，逐步

第十一章　建筑建材产业

提升贵州建材在全国的美誉度、影响力。加快实施"互联网+贵州石材"计划，充分利用大数据资源，建设"贵州石材云"，集成分析全省石材资源类型、石材企业产品类型、产品样式、石材产品消费趋势等数据，推动全省石材产业走差异化、特色化发展路线，重点发展高端石材建材、石刻、石雕、园林装饰、石艺家具等产品，提升产品科技含量、工艺品位、文化内涵和附加值，提升"贵州石材"产品品牌影响力。依托贵州新型建材云平台骨干架构基本建成，全面推进预拌混凝土、石材等子模块全面投入商业化运行，其他建材子模块实现与建筑、电商、物流等相关及政府信息平台对接，初步具备网上运行能力。

第十二章

新能源汽车产业

汽车逐渐成为现代居民的生活必需品，正进入城市居民家庭。随着汽车的逐渐普及，汽车能耗污染成为城市的一种主要污染源。作为一种绿色能源，在环境不断恶化、石油资源不断减少的21世纪，发展新能源汽车成为必然趋势，新能源汽车成为一种新的汽车消费趋势。贵州作为全国生态文明先行试验区，作为城市化快速发展的后发区域，在新能源汽车发展方面义不容辞，要抢抓全国新能源汽车加快发展机遇，立足自身实际，明晰目标定位，选择突破路径，着力推进全省新能源汽车产业发展。

一、现状

（一）规模不断扩大

近年来，全省新能源汽车加速发展，正从零起点逐渐迈向发展壮大阶段。新能源汽车的生产规模不断扩大，推广应用取得重大进展。2015年，全省新能源汽车产业工业总产值和工业增加值分别达到38.25亿元和10.34亿元，增加值同比增长57.36%。同时，新能源汽车推广应用取得较大进展，贵阳、遵义、毕节、安顺、六盘水、黔东南州6市州列入第二批新能源汽车推广应用示范城市群，"十二五"期间，6个市州新能源汽车累计推广量达5000辆，其中，2014年推广1874辆，2015年推广3126辆。

（二）产业体系初步形成

贵州新能源汽车发展经历了从无到有，从仅有零部件生产到整车生产的过程。目前，新能源汽车的产业体系基本形成，产品涵盖零部件生产和整车制造。主要产品有贵州奇瑞万达插电式混合动力客车、中国普天纯电动专用车以及锂离子动力电池、燃料电池、驱动电池、二甲醚—天然气混燃数控系统、柴油—天然气混燃数控系统等，吉利M100甲醇汽车新能源汽车产业化项目落地观山湖高端制造产业园，奇瑞万达、添钰动力科技、力帆时骏振兴、兴国新能源、西凯电池、凯马汽车、中安永恒、巴斯巴等整车制造企业和零部件供应商形成了我省新能源汽车的产业支撑。

（三）支持政策形成合力

当前，贵州新能源汽车加快发展的政策优势叠加，形成了合力支持新能源汽车发展的格局。自《国务院关于印发节能与新能源汽车产业发展规划（2012—2020年）的通知》（国发〔2012〕22号）《国务院办公厅关于加快新能源汽车推广应用的指导意见》（国办发〔2014〕35号）出台以来，为贯彻落实国家相关精神，贵州省、市州又出台了《省人民政府办公厅关于促进新能源汽车推广应用的意见》（黔府办函〔2015〕

155 号)《贵州省新能源汽车推广应用示范城市群实施方案》《贵州省电动汽车充电基础设施建设专项规划 (2016—2020 年)》《贵州省电动汽车充电基础设施建设三年行动计划》《贵州省电动汽车充电基础设施建设运营管理办法（暂行）》《贵州贵阳市推广应用新能源汽车的实施意见》（筑府办函〔2016〕20 号）等一系列推进新能源汽车发展的相关文件，从新能源汽车车辆购置、公交车运营、配套设施建设等方面的支持新能源汽车发展。例如，电动汽车上高速公路，过路费有优惠；建设充电设施设备有财政补贴；用电全部执行工业电价及并获得电价补贴；电动汽车不限牌、不限行、不限购、公共停车场免费停车；全省大力推进充电设施"六进一上"任务等，这些支持政策含金量高、执行效果好。

二、存在问题

（一）新能源汽车的普及率不高

尽管全省有贵阳、遵义、毕节、安顺、六盘水、黔东南州 6 市州列入第二批新能源汽车推广应用示范城市群，但总体来看，除了公交车、政府用车对新能源汽车的购买比例较高外，个体消费者对新能源汽车的接受度不高，虽认可新能源汽车是汽车产业发展的一大趋势，但对新能源汽车真正的消费需求不高，多是处于观望态度。

（二）配套设施不完善

完善的配套设施是新能源汽车有效推广使用的前提条件。然而，通过调研发现，当前，全省新能源汽车的配套设施不尽完善，影响了对新能源汽车的消费。一方面，现有的公用充电桩配置数量较少，给新能源汽车充电不方便，且充电时间较长；另一方面，对于需要加气的新能源汽车，加气站的设置布局不尽合理，也需要浪费较多时间在去加气的路上。配套设施不完善，影响了新能源汽车的推广使用。

（三）研发能力不强，高品质产品不多

尽管贵州的新能源汽车产业发展较快，已从零部件生产发展到整车制造，但总体来看，由于研发能力不强，高质量的产品不多。例如，电池系统在集成能力、电池管理系统、热管理系统等方面与品牌高质量产品相比有一定的差距。在新能源车的能耗水平、动力性能、加速时间、车辆操控的品质、舒适性等方面与国外相比也存在不小的差距。

三、发展思路

认真落实国家关于新能源汽车发展相关精神，立足贵州新能源汽车发展基础，顺应新能源汽车发展的趋势，按照市场主导、创新驱动、重点突破、协调发展的要求，坚持产业转型与技术进步相结合，自主创新与开放合作相结合，政府引导与市场驱动相结合，培育产业与加强配套相结合的原则，把推进全省新能源汽车发展作为贯彻落实供给侧结构性改革的重要抓手，明晰目标定位，选准突破路径，着力自主研发和引进相结合，加强技术研发，瞄准部分环节和部分产品，力争取得技术研发突破，加强开放合作，着力引进实力雄厚的新能源汽车生产企业，充分发挥企业主体作用，做大新能源汽车产业规模，加强市场拓展，抓住"一带一路""长江经济带"建设机遇，在立足省内市场基础上，着力推动贵州新能源汽车产品进入国内外市场，加大政策扶持力度，营造良好发展环境，提高节能与新能源汽车创新能力和产业化水平，增强全省新能源汽车工业的整体竞争能力。

四、发展重点

（一）优化新能源汽车发展布局

综合考虑发展基础、区位条件、市场条件等，顺应新能源汽车发展特点，进一步优化全省新能源汽车产业布局，积极推进全省新能源汽车规模化、集约化发展。新能源和清洁能源汽车整车制造重点布局在贵安新区新能源汽车产业园、贵阳小河－孟关装备制造业生态工业园、贵阳观山湖高端制造产业园、贵阳高新技术产业园、毕节国家新能源汽车高新技术产业化基地、遵义航天高新技术产业园与巴斯巴新能源汽车产业园、黔西南州甲醇汽车与甲醇燃料产业化示范基地、安顺民用航空产业国家高技术产业基地。关键零部件及配套设施重点布局在贵阳小河－孟关装备制造业生态工业园、毕节新能源汽车高新技术产业化基地、贵阳麦架－沙文高新技术产业园、遵义航天高新技术产业园、铜仁大兴科技工业园等。

（二）加快新能源汽车产业发展

以新能源汽车电驱动系统、燃料电池系统和电机制造技术，充电装备、加气设备及充电充气终端产品的安全配套和能量存储系统技术等多种新能源汽车技术为主导方向，重点发展新能源客车、新能源工程车、新能源汽车核心零部件、新能源专用车以及配套设施。

——加大关键技术研发力度。重点支持车身材料及结构轻量化、新能源汽车动力电池、电池管理系统、驱动电机及其控制，新能源整车集成、加气设备及充气站的安全配套和能量存储系统等关键共性技术研发为重点，突破关键零部件核心技术，提高我省新能源汽车零部件配套能

第十二章　新能源汽车产业

力，从发展零部件入手逐步过渡到发展新能源汽车整车产品。

——着力发展各类新能源汽车。以新能源和清洁能源汽车、新能源工程车、新能源专用车为重点，加快新能源汽车产业化。在新能源和清洁能源汽车领域，要加快推进纯电动、混合动力、氢燃料电池、天然气大中型客车、甲醇燃料汽车研发及产业化。在新能源工程车领域，要重点推进二甲醚-天然气混燃重型卡车等新能源汽车研发及生产。在新能源专用车领域，要围绕大旅游、大扶贫、大健康，大力发展特种专用车。以市县、乡镇物流应用为重点，发展纯电动、混合动力厢式货车和物流车。

——加强新能源汽车核心零部件建设。重点推进锂离子、铝电池材料及动力电池产业化开发，积极开展动力型磷酸铁锂锂离子电池产业化开发；大力推进永磁电机及其控制器、机电耦合装置、减速器、电驱动桥的产业化开发，加快开发能有效提升电机及传动系统效率的动力合成装置及控制系统；加快发展新型车用电子仪表、车用传感器等关键产品及其基础元器件。

——完善新能源汽车应用配套设施建设。加快发展充电站、充气站的安全配套设备，形成较为完善的产业化体系，加快推进落实已经出台的举措，积极推进充电基础设施体系建设，加快形成以用户居住地停车位、单位停车场等配建的专用充电设施为主体，以公共建筑物停车场、社会公共停车场、临时停车位等配建的公共充电设施为辅助，以独立占地的城市快充站、换电站和高速公路服务区配建的城际快充站为补充的发展格局。建立新能源汽车政策框架体系，强化财税、技术、管理、金融政策的引导和支持力度，促进新能源汽车产业快速发展。

第十三章
对策建议

一、加快项目建设力度,增强产业发展后劲

项目是产业发展的载体。针对当前贵州新兴产业整体规模不大的现状,加快推进项目建设力度,力争产业项目早日落地建成投产,增强全省新兴产业发展后劲,着力做大产业规模。

在新一代信息技术领域,要切实落实相关优惠支持政策,加快已签约、落地项目建设进度,着力推动高通、富士康、华为等标志性重大项目建设。着力推进标志性企业培育,力争在呼叫服务产业、集成电路产业、智能终端产业等领域或环节培育一些具有带动性、引领性企业,实现各具体业态竞相发展。例如,集成电路产业积极支持贵州华芯、中电振华等骨干企业加快发展;增值服务领域支持朗玛、货车帮、太极智

旅、东方世纪、蜂能等企业加快发展。

在大健康产业领域，围绕做大贵州大健康产业规模的目标，按照抓好"6个50工程"的要求，全力推进益佰、景峰、威门等50个健康医药产业项目加快建设，确保建成一批、达产一批、储备一批，尽快形成产业发展增量。进一步加大资源整合力度，着力推进全省重点实施的"百企引进""千企改造"和"双培育""双退出"行动计划，积极引进战略投资者，紧盯全国知名药企、投资机构加大招商引资力度，积极引进修正、天士力、步长、华润、上药等知名医药企业，以药号、技术、营销等为重点，加快对贵州大健康医药产业资源整合步伐。

在新材料产业领域，加快实施企业主体培育壮大工程，筑牢新材料产业发展根基，积极创造条件，力争在招商引资、项目落地、建设进度方面取得突破，不断增加新材料产业领域生产企业，为产业规模做大奠定坚实基础。同时，要着力于推进具有良好市场前景的现有企业主体发展壮大，不断增加骨干企业、领军型企业的数量。通过企业数量增加、企业实力的提升，筑牢新材料产业发展的根基，从而做大全省新材料产业增量，推动产业规模上水平、上档次。

在新能源领域，对已投产的项目，积极创造条件，力争实现全产能生产，要加强对市场研判，力争最大市场份额。对已签约尚未落地项目，要积极创造条件，采取"一企一策""一品一策"的"保姆式服务"，使项目早日落地建成投产。同时，要不断完善项目库，有序地开展招商引资，为产业进一步发展奠定基础。

二、着力延长产业链，提升产业发展水平

当前，产业链短、产品单一是贵州新兴产业发展的一个突出问题。要着力延长产业链，推动全省新兴产业发展上水平。在旅游业领域，要

着力提升全省旅游业的"慢游"水平，在旅游"深度化"方面下功夫，充分发挥贵州自然风光秀美、气候宜人、文化丰富等优势，加快开发提升生态观光、休闲度假、避暑养生、文化体验、户外运动、修学旅游等慢游产品体系，推出覆盖全省、带动全域、延伸周边的休闲度假精品线路，让游客能够留下来，尽享多彩贵州之美。充分发挥全省景区点多面广，城乡互融，望得见山、看得到水、无处不乡愁的组合优势，以高铁和高速公路为轴线，依据不同的地理位置、资源优势和功能区划，做好空间和业态布局。把景点连成线路，线路建成产品，以"车窗风景线·多彩贵州游"为主题，推出高速时代特色旅游产品。

在装备制造领域，着力打造延伸产业链，增强装备制造业的产业配套能力，重点围绕航空航天、汽车、工程机械和矿山机械、数控机床和机器人、电力和新能源装备、轨道交通装备、农业机械、特色装备等八大产业，梳理产业缺失环节，加大招商引资力度，培育重点龙头企业和关键配套企业，不断补充完善产业链，拓宽产业幅，打造形成主机带动配套、配套促进主机发展的产业体系。

在大健康医药产业领域，着力延长产业链，推动新品种研发，对优势产品、重点产品，加大二次开发和标准再提高力度，重点培育艾迪注射液、参芎葡萄糖注射液等20个主导品种；重点发展糖宁通络、黄芪甲苷葡萄糖注射液、参花消痤颗粒等新品种；鼓励和支持抢仿米格列奈钙、磷硫铵、阿齐沙坦等国外专利到期大市值品种。

三、加快提升创新能力，提升产业核心竞争力

创新是企业发展壮大的重要驱动力，是企业提升核心竞争力的关键。创新的技术溢出性、外部经济性等特征与新兴产业具有天然的耦合性。当前，创新能力不强是贵州新兴产业较为普遍存在的问题，要切实

第十三章 对策建议

有效贯彻落实国家、省实施创新驱动战略相关部署，积极创造条件，着力推动全省新兴产业提升创新能力。

在新材料产业领域，近年来，贵州新材料产业发展取得长足进步，贵州钢绳股份有限公司、时代沃顿等企业在研发上取得较大突破，部分产品具有较强的市场竞争力，但总体来看，由于全省新材料产业的研发能力不强，导致产品多是处于价值链低端，因此，应该加快实施企业创新工程，推动全省新材料企业积极开展创新，逐渐融入价值链的研发端，重点支持实力较为雄厚、具有一定研发创新能力的企业，瞄准生产关键环节，力争在某些环节取得突破，显著提升产品的市场竞争力和生产效益。对创新基础较为一般的企业，支持采取引进吸收创新的战略，先引进采用相对经济的实用先进技术，在不断发展壮大后再开展相关创新。

在新能源产业领域，囿于创新能力不强，制约了全省资源优势尚未转化为经济优势，因此，要抓住新能源技术革命的机遇，立足贵州实际加快提升创新能力，着力推进煤层气、页岩气勘探开采的技术研发，通过引进国内外实力雄厚的煤层气、页岩气开发技术科研机构，会同省内相关机构，联合组建贵州省煤层气技术研发中心、贵州省页岩气技术研发中心，立足贵州地质地貌条件，着力攻关贵州喀斯特复杂地质条件下煤层气、页岩气资源开发技术，为全省丰富的页岩气、煤层气资源开发提供强有力的技术支撑。同时，在风能、太阳能、生物质能等领域，加强技术成果的引进消化吸收创新，通过技术合成和改进，提升产业生产水平。

在建筑建材产业领域，要立足贵州建筑建材行业的特点，以技术产品创新、推广应用创新等为重点，着力提高建筑建材行业的创新能力。

加快推进技术产品创新，充分发挥骨干企业的主导作用和高等院校、建材建筑科研院所的基础作用，建设一批技术创新示范企业和企业技术中心，组建新型绿色建筑建材技术创新联盟，打造面向中小企业、创业团队的创新服务平台和创客基地；定期发布建材制造业重点领域技术和产品创新路线图，采取实验设备"众筹"、重大课题"众包"等创新研发模式，攻克一批制约行业竞争力整体提升的关键共性技术，开发适应绿色建筑和战略性新兴产业发展需要的新产品。

着力提高应用推广创新，推进新型建材业与建筑设计、房地产、建筑装饰等行业协同创新，研究推广以绿色、智能、协同为特征的建材应用先进技术，促进创新成果转化和推广应用。重点解决装饰石材标准化、模数化生产以及产品轻量化、价格亲民化、施工便捷化、使用安全化等室内应用推广中的难点问题；重点攻克复杂建构筑物拆分设计、装配式建筑结构与围护部品节点连接设计、PC构件节点灌浆材料、钢结构防锈、防火材料及应用技术以及建筑装修一体化、墙体保温材料一体化等应用集成技术与设计；重点加强新型建材生产信息化系统与BIM系统对接，开发一批基于BIM的新型建材应用关键设计工具软件，逐步实现建筑设计、建材制造、物流运输、工地施工等全程信息网络化运行管理。

在新能源汽车领域，针对贵州新能源汽车研发能力不强的问题，要着力整合各种研发力量，提升贵州新能源汽车的研发能力。一方面，要抢抓贵州建设内陆开放型经济试验区机遇，加强与国内外在新能源汽车研发领域实力雄厚的企业合作，积极引进研发机构入驻贵州建立分支机构，或与这些企业共建飞地型研发中心，为省内生产企业提供技术支撑；另一方面，整合省内相关的研究机构、高校、科研院所等，共同组建新能源汽车技术创新联盟，立足实际着力攻克某些关键技术。

四、切实推动开放合作，推动重点企业、优势产品"走出去"

在全球化、信息化的大背景下，在更大的范围整合资源、开拓市场是产业发展的必然趋势。要借助国家实施"一带一路""长江经济带"建设战略以及贵州建设内陆开放性试验区的机遇，着力创造条件，强化政策支持，切实推动贵州新兴产业产业和企业在多领域、广范围加强与国内外企业合作，实现内生动力与外部推力"双力"齐驱，推动贵州新兴产业加快发展。

在高端装备制造业领域，在符合国家技术、安全等相关要求的前提下，依托贵州在航天航空装备制造的优势，以技术合作与产品出口为重点，加强与欧美航天航空产业高水平国家合作，既要推动贵州航天航空装备产品拓展市场，扩大出口，又要在研发合作中提升研发水平；加强与"一带一路"相关国家在能源装备、工程装备等领域合作，推动贵州工程装备产品畅销"一带一路"国家。

在现代山地高效特色农业领域，支持农业企业开展多种形式的跨国经营，加强农产品加工、储运、贸易等环节合作，培育具有国际竞争力的农业企业集团。支持企业参加境外农业合作示范区建设，实现抱团出海，推进全产业链运营。积极参加农业对外合作试验区建设，探索农业对外开放新路径。依托黄金水道，推动与长江经济带各区域的合作，加速特色农产品的有序流通。加强与泛珠三角区域的合作发展，形成协调联动发展新格局。推动黔台农业合作示范基地建设，促进两岸四地涉农行业协会、涉农科研单位、特色乡镇的合作交流。依托珠三角、北部湾、云南、重庆等开放平台，建立面向东盟、中亚、欧洲的农业合作交流新局面。加强与瑞士、荷兰、美国、澳大利亚、波兰、以色列、新西兰、日本、韩国等国家开展先进农业技术、品种、人才、机制等合作。同时，加强招商合作，推动全方位、宽领域、多层次梳理和包装招商引资项目，加强宣传推介，积极实施"走出去"与"请进来"战略，坚持集中招商与小分队招商、产业招商和平台招商相结合，依托重要平台、借力重大活动，拓宽招商渠道，提升招商质量，实现农业大招商、招大商，上大项目、促大发展。

在建筑建材产业领域，抓住"一带一路"建设契机，推动建筑建材产业"走出去"发展，鼓励省内建筑业企业联合，选择优势领域、重点区域，开拓国内外市场；鼓励有实力的建筑业企业通过兼并和参股省外企业的方式"走出去"发展；加强对外业务指导和政策扶持，引导和鼓励企业获取对外承包工程经营资格，帮助企业承揽境外工程项目，开展国际工程承包和对外劳务合作，参与对外援助工程建设。支持贵州石材企业积极开拓欧美、中东、东盟等国际主要石材消费市场。推动石材企业进入贵阳、贵安新区、遵义三大综合保税区和双龙航空港经济区等对外开放平台，推行石材产品进入保税仓库的监管办法，实现原料保税进口和便利化通关。组织我省企业参加各类展销活动，在国内主要市场设立专卖店、品牌店，进入大型建材市场。依托乌江航道联通长江黄金水道，物流成本降低，外出通道畅通的优势，积极推动贵州建材产品"走出去"，着力拓展长江经济带东部市场，提升贵州建材产品在东部沿海地区的市场份额，把"贵州建材"打造成长江经济带有重要影响力建材品牌，成为东部地区首选的建材产品。

五、加大政策支持力度，形成推动新兴产业发展合力

政府对经济发展的引导作用，除了在产业布局规划方面施加影响外，出台支持鼓励经济发展的政策也是一项重要举措。当前，由于各

第十三章 对策建议

省、市、区都把发展新兴产业作为一项重要的战略举措，新兴产业发展竞争日益激烈，特别是作为后发区域，政策支持尤为重要，为此，政府相关部门要准确把握各省、市、区发展新兴产业相关政策，认真梳理贵州支持政策薄弱环节，准确分析各项支持政策效应，及时出台支持全省新兴产业发展的相关政策，形成合力支持全省新兴产业发展的格局。

在装备制造产业领域，针对部分产品发展前期面临着产品市场尚需拓展、商业及投融资模式不完善、产业标准及配套不健全等困难，要加强对高端装备制造业的政策支持力度，对新兴的高端装备制造业采取"一企一策""一品一策"的"保姆式服务"，使产业与政策两者之间"无缝"对接。同时，要加强对高端装备制造业的金融支持，探索利用新兴产业创投计划、贷款风险补偿机制等多种方式引导、支持社会投资，充分发挥投资对产业发展的支撑作用。鼓励服务于战略性新兴产业、高技术产业的小微金融机构发展，加大对高端装备制造业的融资支持力度。

在节能环保产业领域，各级政府要安排专项财政资金引导和支持节能环保产业发展，把节能减排重点工程和节能环保产业发展重点工程以及技术研发、应用推广等纳入各级地方政府年度投资计划和财政预算，给予支持。认真落实国家促进节能环保产业发展的各项税收政策。对节能环保产业化项目、节能环保技术装备及产品、节能环保服务等依法给予增值税、消费税、营业税和企业所得税等优惠。鼓励创业投资机构和产业投资基金投资节能环保产业项目，鼓励引导金融机构支持节能环保企业发展，支持信用担保机构对节能环保企业提供贷款担保，鼓励开展知识产权质押贷款，支持节能环保企业利用资本市场融资。

在现代山地特色高效农业领域，强化对现代山地高效农业的资金支持，创新财政支农资金投入及使用方式，推动全省50个国家扶贫开发重点县开展贫困县统筹整合使用财政涉农资金工作，提高贫困县涉农资金使用效益。创新融资方式，设立贵州脱贫攻坚投资基金，通过市场化运作方式，着力解决我省产业扶贫面临的"融资难、融资贵"等问题。积极运用支农再贷款、扶贫再贷款、支小再贷款等货币政策工具引导金融机构对涉农经济主体、扶贫开发支持对象、小微企业发放优惠利率贷款。创设"特惠贷""惠农贷""惠工贷"等金融产品支持农户发展生产。

在新能源产业领域，推动成立贵州新能源产业发展专项基金，用于开展重大项目创新攻关补助，相关企业贷款贴息，企业生产信息化改造补贴，新产品市场拓展等。鼓励金融机构支持新能源产业发展，把新能源企业纳入优先重点授信范围，积极引入风险投资进入新能源开发领域。对新能源项目建设的相关手续，实行代办制。

六、着力打造特色产品品牌，提升产品价值

当前，世界经济发展进入品牌经济时代，品牌是产品核心竞争力，品牌成为产品价值增值潜力最大部分，品牌处于产品价值链的高端，知名产品的品牌价值成为企业价值的重要支撑。就贵州新兴产业产品来说，全省部分新兴产业高质量的产品较多，但囿于品牌开发不足，导致产品价格与产品价值不匹配，亟须着力提升"品牌"短板，要积极创造条件，着力打造特色产品品牌，最大限度地提升产品价值。比如，在建筑建材产业领域，立足贵州建筑建材优势，实施以品质提升、质量提升和形象提升为目标的贵州新型建材品牌建设工程，以市场为导向，以质量为基础，不断提高建筑建材各类产品的品质，着力打造贵州建筑建材品牌。引导企业制定品牌管理体系，围绕研发创新、生产制造、质量管理和营销服务全过程，夯实品牌发展基础，打造一批特色鲜明、竞争力强、市场信誉好的新型建材知名品牌和产业集群区域品牌。重点培育装

饰石材、竹木建材、铝合金建材、塑料化学建材等新型建材产品品牌以及具有贵州地方特色优势的产业集群、园区等区域品牌。定期发布重点推荐企业和新型建材产品目录，在各类政府投资工程中优先选用，鼓励企业开展品牌加盟、合作等品牌营销创新，支持骨干企业开展区域特色品牌建设，培育一批产业集聚区品牌。组织企业参展国内国际大型展会、贵州国家绿色建筑博览会、贵州（安顺）国际石材博览会，策划组织新型建材主题博览会、创意设计大赛、绿色家装创意设计大赛、建材名品大众评选、行业高峰论坛等大型活动，宣传推广贵州建材名优特色品牌，提高我省新型建材业在国内国际市场的影响力。在大健康产业领域，依托贵州民族医药产业优势，通过组织企业以组团形式参加全国药交会，加大贵州苗药的品牌宣传推介力度，集中资源打造成贵州民族药品牌，重点培育"贵州三宝"、益肝草、薏仁米、刺梨等独具地方特色的药食两用品牌。在现代山地特色高效农业领域，依托贵州生态良好、耕地质量高的优势，积极运用现代市场经营理念，着力运用大数据等现代技术，切实用好各类大型农产品产销会等平台，做强贵州绿色有机生态农产品，提升贵州农产品的品牌竞争力，实现农产品价值提升。

七、着力推进供给侧结构性改革，提升有效供给水平

产品是否具有市场竞争力是决定企业发展前景的根本因素。产品市场竞争力的强弱取决于消费者对产品的接受程度。企业只有生产消费者乐于接受的产品才可能实现供求平衡，才有利于企业可持续发展。当前，贵州新材料产业发展具有市场竞争力的产品不多，究其根源就是有的产品未被消费者接受、市场认可，是有效供给水平不高所致。要切实贯彻落实国家供给侧改革精神，加快推进新兴产业供给侧结构性改革，提升有效供给水平。要强化质量为本的意识，在产品的质量上下功夫，

着力生产质量优良、生产消费者信得过的产品；要在产品的类型上下功夫，企业要加强市场研判，生产要紧密结合市场需求，立足企业实际生产具有较强市场需求的产品；要在产品的营销上下功夫，着力扩大产品的市场影响力，不断提升消费者的需求欲望，进一步形成对产品的有效需求。比如，在山地旅游领域，遵循推动旅游业差异化、特色化发展理念，立足于旅游资源禀赋优势，凸显资源的个性化、特色化，在深挖内涵、彰显特色上下功夫，打特色牌、唱特色戏，各地虽在资源方面有相似性，但要以特色化思维可以打造出不同的产品，要做到看的有特色、吃的有特色、玩的有特色，加快培育和扶持以休闲农业、农事体验、乡村度假、古镇村落、特色民宿、养生度假为代表的乡村旅游新业态，推动乡村旅游由观光式向体验式转变，提升乡村旅游组织化程度和产业化水平，突出旅游资源开发"唯一性"，避免恶性同质竞争。

在大健康医药方面，加大新技术、新工艺、新材料的应用，一方面，立足中药现代化趋势，加快中药材的现代化深加工，开发新药品种；另一方面，结合现代井喷式增长的康养需求，加快开发康养产品，进一步适应需求结构的变化，提高供给的有效性。

八、加快提升信息化水平，加快推动转型升级

当前，推进信息化与产业发展深度融合是推动产业转型升级的有效途径。要抓住贵州大数据产业发展先行优势，切实落实"千企改造"等部署，推进全省新兴产业信息化、智能化改造，实现产业转型升级。

在装备制造业领域，在以大数据为引领的新一代信息技术加快发展的背景下，国家提出了推动制造业智能化的重大战略，装备制造业作为技术密集型产业，在与信息技术融合发展方面具有优势，是国家推进信息化与工业化融合发展的重要行业。贵州作为全国大数据发展综合试验

第十三章 对策建议

区，在大数据、物联网等信息技术方面具有一定优势，理应在推进大数据在产业发展应用方面大有作为，应以大数据、物联网、工业互联网为重点，改造提升装备制造企业设备智能化水平，实现制造过程中数据的实时采集、存储、分析，促进制造工艺的仿真优化、数字化控制、状态信息实时监测和自适应控制，提升高端装备领域关键工序数控化率。加快推进大数据技术在装备制造业产品全生命周期管理、客户关系管理、供应链管理系统的推广应用，促进重点装备制造企业管控、设计与制造、产供销一体、业务和财务衔接等关键环节集成，实现智能管控。着力争取装备制造企业成为国家级智能制造试点示范和获得国家智能制造专项支持。

在现代山地特色高效农业领域，要以建设农业云平台为重点，加快推进农业信息化建设，以"互联网+农业"为主要手段，加强农业大数据资源整合，集成土壤、气象、质量、市场、科技等农产品生产经营信息，实现数据"聚通用"一体化，促进信息化与农业现代化的有机融合。积极运用物联网技术，推动智慧农业发展。支持企业主体线上线下融合发展电子商务，大力发展农村电商，积极支持和推动贵州电商云、贵农网等综合服务电商平台建设。推动黔货出山、网货下乡。比如，在茶叶初制加工领域，运用大数据技术提升茶叶分类筛选、烘干淬炒等环节的精准化水平，建设智能化、清洁化生产线，确保全省茶叶初制加工企业 QS（食品质量安全市场准入）认证率提高到80%以上；在精制加工领域，依托大数据技术，建立多维度、多指标的茶叶质量档次数据化标准，完善"跨区域、跨季节、跨品种"茶叶拼配技术体系和产品标准体系，推动实现大规模、大批量、多品类拼配，提高产品标准化、规模化和协作化水平；在精深加工领域，推进大数据技术、现代生物技术的集成利用，着力延伸产业链、拓宽产业幅，大力发展茶叶精深加工以及茶叶衍生品开发，重点发展茶饮料、茶食品、茶保健品、茶日化品等。

大数据背景下贵州新兴产业发展研究

利用大数据建立"贵州茶叶云",加大对贵州茶叶技术标准体系地方标准的宣传推广和实施,引导茶叶生产企业开展 QS、质量管理体系(ISO 9000)和 HACCP(危害分析关键控制点)认证,整体打造贵州茶叶品牌,助推"贵州茶叶"品牌升级。

在旅游业领域,推动旅游业与大数据深度融合,依托"云上贵州·智慧旅游云"和国家旅游数据(灾备)中心,着力打造贵州智慧旅游城市、旅游景区、旅游企业建设,建立旅游与涉旅部门数据共享、互联互通机制,提升全省旅游业发展信息化水平,加快旅游集散地、机场、车站、景区、宾馆饭店、乡村旅游扶贫村等重点涉旅场所的无线网络全覆盖。探索和深入挖掘大数据在智慧旅游建设中的公共性能和商业应用,建立涵盖旅游产品推广、个性化服务预订、产品预售结算、实时信息查询、旅游车辆调度、讲解导览等线上和线下相结合的一站式"旅行服务"平台,形成旅游发展新的动力源,培育旅游经济新的增长点,从战略、理念和技术层面提升旅游业现代化水平。

在建筑建材产业领域,加快实施"大数据+互联网+贵州石材"计划,建设"贵州石材云",集成分析石材产品类型、样式、消费趋势等数据,助推全省石材产业精细化、差异化、特色化发展,重点发展高端石材建材、石刻、石雕、园林装饰、石艺家具等产品,提升产品科技含量、工艺品位、文化内涵和附加值。

利用大数据技术推进水泥行业升级发展,支持水泥行业优势骨干企业推进大数据、物联网等现代信息技术与行业生产技术融合,大力发展精深加工制品,着力延伸产业链,重点发展具有安全、环保、节能、降噪、防渗漏等功能的新型建筑材料及制品,满足绿色建筑发展需要。

九、进一步优化发展环境，为新兴产业发展拓展更大空间

在经济全球化、区域经济竞争日益激烈的背景下，发展环境成为决定区域招商引资、项目建设的重要因素，也是后发区域实现后发赶超必须着力提升的关键环节。近年来，贵州省委省政府下大力气、出真功夫优化发展环境，在全省深入实施"作风建设年"重大战略，力求最大限度优化全省发展环境，但发展迅速日新月异，优化发展环境永远在路上，只有进行时，没有完成时，当前，全省要以切实推进政策有效落实、积极搭建各类平台等为重点，进一步优化全省发展环境，为全省新兴产业发展赢得更大更广的空间。比如，在大健康产业领域，一方面，要以"百千万"平台为抓手，完善和继续实施"业长＋团队＋专家"制度，分业施策，力求实效；要强化平台建设，重点推进标准化生产平台、产业监测平台、区域性技术研发中心、工程技术研究中心、产品检测中心等公共服务平台建设，为产业发展提供技术支撑。另一方面，要强化政策落实，扎实推进《贵州省关于加快推进新医药产业发展的指导意见》实施，将医药企业技术改造、GMP等标准的认证、行业整合以及企业上市融资的相关配套政策落到实处。推动省发改委、省卫计委、省食品药品监督局等相关部门，应积极帮助企业做好医药品种进入基本药物目录、国家医保用药目录、省级医保目录及进新农合目录的工作。

在节能环保产业领域，建立节能环保产业"绿色通道"和"直通车"制度，对城镇污水垃圾处理设施及配套管网建设、"城市矿产"利用、大宗固体废弃物及资源综合利用、生活垃圾和污泥无害化处理、重大节能装备制造等节能环保建设项目，在规划、环评、能评、项目审批、核准、备案等方面优先办理和适当简化。

参考文献

[1] 杜朝晖. 经济新常态下我国传统产业转型升级的原则与路径［J］. 经济纵横, 2017（05）.

[2] 费洪平. 当前我国产业转型升级的方向及路径［J］. 宏观经济研究, 2017（02）.

[3] 王瑜炜, 秦辉. 中国信息化与新型工业化耦合格局及其变化机制分析［J］. 经济地理, 2014（02）.

[4] 温凤媛, 周媛, 李浩田. 国外传统产业升级改造的借鉴与思考［J］. 沈阳师范大学学报（社会科学版）, 2009（03）.

[5] 白永青, 沈能, 赵建强. 对我国高技术产业与传统产业协调互动性的理性思考［J］. 统计与决策, 2006（03）.

[6] 邵建顺, 刘栋. 我国高新技术产业与传统产业融合发展探究［J］. 内蒙古农业大学学报（社会科学版）, 2011（02）.

[7] 李忠华，孙凤芹，李南，等. 我国煤炭产业转型升级实践探讨——基于国际视域［J］. 改革与战略，2017（04）.

[8] 滕飞，张庆杰，申红艳."新十年"推动中部地区产业转型升级的思路与路径［J］. 经济纵横，2017（03）.

[9] 袁永波，苏继俊. 河南省煤炭产业转型升级发展研究［J］. 工业经济论坛，2017（01）.

[10] 姜长云，杜志雄. 关于推进农业供给侧结构性改革的思考南京农业大学学报（社会科学版）2017（01）.

[11] 国务院关于印发促进大数据发展行动纲要的通知［EB/OL］.（http://www.jssia.cn/），2015（09）.

[12] 省人民政府印发《关于加快大数据产业发展应用若干政策的意见》，《贵州省大数据产业发展应用规划纲要（2014—2020年)》的通知［EB/OL］. 贵州省人民政府公报，2014（03）.

[13] 省人民政府印发《关于加快大数据产业发展应用若干政策的意见》，《贵州省大数据产业发展应用规划纲要（2014—2020年)》的通知［EB/OL］. 贵州省人民政府公报，2014（03）.

[14] 贵州省人民政府文件黔府发〔2014〕24号省人民政府印发《贵州省关于加快推进新医药产业发展的指导意见》，《贵州省新医药产业发展规划（2014—2017年)》的通知［EB/OL］. 贵州省人民政府公报，2014（09）.

[15] 省人民政府印发《关于支持健康养生产业发展若干政策措施的意见》，《贵州省健康养生产业发展规划（2015—2020年)》的通知［EB/OL］. 贵州省人民政府公报，2015（04）.

[16] 省人民政府办公厅关于加快石材产业发展的意见［EB/OL］. 贵州省人民政府公报，2015（07）.

[17] 省人民政府办公厅关于印发《贵州省茶产业提升三年行动计划（2014—2016年)》的通知［EB/OL］. 贵州省人民政府办公厅，2014（04）.

[18] 省委办公厅省人民政府办公厅印发《贵州省绿色农产品"泉涌"工程工作方

案（2017—2020 年)》［EB/OL］. 贵州日报，2017（05）.

［19］省人民政府印发《关于支持健康养生产业发展若干政策措施的意见》,《贵州省健康养生产业发展规划（2015—2020 年)》的通知［EB/OL］. 贵州省人民政府办公厅，2015（03）.